U0855735

The

EVERYTHING KIDS'®

游戏总动员

[美] 阿曼达·莫林 著
周 蓉 译

中国妇女出版社

图书在版编目（CIP）数据

游戏总动员 /（美）阿曼达·莫林（Amanda Morin）著；周蓉译. --北京：中国妇女出版社，2017.5

书名原文：LEARNING ACTIVITIES BOOK

ISBN 978-7-5127-1404-5

Ⅰ.①游… Ⅱ.①阿…②周… Ⅲ.①游戏课—学前教育—教学参考资料 Ⅳ.①G613.7

中国版本图书馆CIP数据核字（2016）第303541号

游戏总动员

作　　者：〔美〕阿曼达·莫林　著　　周　蓉　译
责任编辑：宋　文
封面设计：周周设计局
责任印制：王卫东
出版发行：中国妇女出版社
地　　址：北京市东城区史家胡同甲24号　　邮政编码：100010
电　　话：（010）65133160（发行部）　　65133161（邮购）
网　　址：www.womenbooks.cn
法律顾问：北京天达共和律师事务所
经　　销：各地新华书店
印　　刷：北京中科印刷有限公司
开　　本：185 × 235　1/16
印　　张：18.75
字　　数：270千字
版　　次：2017年5月第1版
印　　次：2017年5月第1次
书　　号：ISBN 978-7-5127-1404-5
定　　价：48.00元

编者的话

翻开这本书，看到这么多不同花样的游戏，你是不是已经爱上它了？世界著名教育家蒙台梭利认为，游戏是孩子的“工作”。在这本书中，英语、数学、生命科学、电力和磁力、地理以及科学实验、社交技能等略显枯燥的知识统统华丽变身，以柠檬时钟、汉堡包写作、故事石头汤、柚子地球仪、胶卷壳火箭等新奇有趣的游戏形式展现在小读者面前。无论是父母与孩子一起进行亲子游戏，还是孩子与小伙伴一起玩游戏，都能得到大大的收获与满足。

因为书中游戏涉及的内容十分丰富，所以难免会出现某些游戏难度较高，而有些游戏难度较低的情况。对于孩子们而言，如果某个游戏处于自己偏好的领域，可能就不会觉得它有很高的难度，反之难度可能会相应增大。

所以，我们建议对于阅读能力较强、能够明白游戏玩法的小朋友，在保证安全的前提下，可以约上几个小伙伴一起玩游戏；对于不能100%明白游戏玩法的小朋友来说，与爸爸妈妈进行亲了游戏，或请他们给你和你的小伙伴当游戏顾问，都是不错的选择！

对于家有小小孩的爸爸妈妈，挑选一些难度较低的游戏，一步一步地与孩子进行亲子游戏，不仅能够丰富家庭生活，还可以将知识的种子种入孩子的心灵，开阔孩子的视野，并为将来玩更高难度的游戏做好准备。另外，本书的第2章至第11章的英语游戏部分，还很适合替换为汉语进行游戏哦！

希望在玩这些充满童趣的游戏的过程中，每个小朋友都会爱上知识，爱上学习！也希望小朋友能够充分开动大脑，发挥想象力和创造力，将这些游戏改造成更有趣的新游戏！

目　录

CHAPTER 1

五大学习领域

我们主动探索周围世界的时候，往往能收到最佳的学习效果——用自己的方式，按照自己的节奏，去了解这个世界。尽管这听起来就像在说，父母、老师或者其他看护人对我们的学习完全起不到什么作用，但我们自己肯定也很清楚，真相当然不会是这样。他们在我们学习上的重要性体现在能够帮助我们于无形　为我们设计既能充分调动脑力又能寓教于乐的益智游戏，让我们轻松学会新技能。

阅读（英语）

一个孩子开始阅读，就好像一夜之间发生的事情——前一天还在磕磕绊绊、一字一顿地摸索着读自己最爱的书，第二天就能读得特别流畅了。这过程看起来是如此简单而自然。然而，学习阅读其实是一个漫长的过程，从会听这门语言开始，你就开启了学习阅读的漫漫征程。

尽管每个人适合的学习方式各有不同，但总有一些普遍适用的基本技巧，能让你的阅读更加行云流水，让你见字会意——轻松读懂书上的单词，并且领会深意。

初期阅读技巧

初期阅读技巧，或者说预读技巧，看上去和我们一般理解的“阅读”几乎完全不同。这些简单的技能包括能听出简单的英文字母与词组，能认出某本书的封面，甚至是能够认出熟悉商店的标志等，这对你能否成为真正的阅读者至关重要。

QUESTION

什么是“可教学时刻”

可教学时刻是指在孩子们的好奇心被完全激发时，教育者抓住这个机会，以孩子们当下产生的浓厚兴趣作为跳板来进行教学。触发点可以很简单，比如某一次对话；也可以很宏大，比如引发孩子们思考的某件国家大事等。不管诱因是什么，可教学时刻的到来总是水到渠成般地自然呈现。所以，睁大双眼，不要放过任何一次可教学时刻。

当你认出食品外包装而向家长要求吃某种指定口味的麦片时，或者在街上看到某家快餐店的招牌而提议进去吃一次时，你实际上就已经在“阅读”周围环境中的印刷字体了。当你唱着“小小少年，很少烦恼”的儿歌或者听着有声读物的时候，就已经在有声游戏中训练自己的音节意识啦。当你拿起自己最喜欢的绘本兴致勃勃一遍又一遍地读给家长听，直到书页都被翻得脱落下来的时候，你其实正在学习认字。

练就流畅阅读

初期阅读技巧可以为你进入阅读的下一阶段打下良好的基础。现在，你已经能认一些单词，开始使用词组，甚至可能开始了组词造句的练习。对阅读者来说，这个阶段可是非常激动人心的呢。一开始的进展可能十分缓慢，让你觉得很痛苦，但慢慢地你就能从中获得越来越多的自信，认识越来越多的词汇，甚至还能在阅读中发现并纠正自己的错误，一步一步地成长为一位畅读者。

畅读者不再需要逐字逐词地朗读或默念书上的每个单词，而能够流利顺畅地进行阅读。当你也能流畅阅读后，不仅能体会到语言的抑扬顿挫、文字内涵，而且还将踏上成长为优秀作者和故事讲述者的征途。

注意

以下是一些非畅读者的典型表现：阅读速度很慢，认字困难，朗读时缺少句调变化；阅读一字一顿，对生词只是简单地拼读却不解词义。非畅读者不能回过头进行自我更正，而只是抱着“读完就好”的心态应付着阅读。而且，阅读的时候他们一般还会默读文本或者小声地边读边看。

ALERT

在培养畅读者过程中父母的角色

在你成长为一名畅读者的过程中，老师无疑扮演了极重要的角色，但父母的作用也不容忽视——他们影响着你对待阅读的态度。如果你生活在一个阅读氛围非常浓厚的家庭，身处书海，你自然就更愿意去玩文字或者读写类的游戏，而且这些不仅有利于提高你的阅读能力，还能大大激发你的兴趣，让你乐于阅读。

写作（英语）

学会写作绝不是简单地讲述故事或者学会正确使用标点符号。这个学习过程早在学习读词认字的时候就已经开始了。因为写作不仅体现了智力方面的一种能力，而且也体现了身体精细动作方面的一种能力。

涂鸦就是书写的开始

为了学会书写，你当然得学会握笔，除此以外，还得学会灵活用笔，这样才能把构成单词的每个字母都写得漂亮得体。可这些真的是说起来容易做起来难。

如果你留心观察过幼儿园或者学前班的孩子们，就会发现他们握笔的姿势一般是将笔直直地抓在拳头里。这种姿势不仅使得手腕不能灵活运动，而且也让笔难以运用自如，自然就限制了他们能在书本上写下的记号的类别了。尽管如此，也不能说他们在学会写字之前完全没有开始书写的学习。事实上，如果他们已经是阅读者了，那很有可能他们同时也已经是一名书写者了。很多孩子会在书上留下一些规则的涂鸦，然后指着这些涂鸦告诉你，它们是一个故事、一张清单或者一些人的名字。千万不要小看孩子们的这些努力！这意味着他们已经开始明白字是写在纸上的，而且还要遵照一定的方向、顺序。

请帮我记笔记吧

与学习书写一起进行的还有听写。当你学习书写的时候，不妨将想好的故事讲给家长听，让他们把你口述的故事用文字记录下来，这样你就能看到这个故事的文字版了。（事实上，这可能是你仅有的能给爸爸妈妈听写的机会啦！）当你握着笔在书上写下一些难以辨识的“字”的时候，心里其实是充满着自豪感的，对不对？但是如果让你用这些“字”把心里想好的故事完完整整地写下来，是不是又感到难以胜任呢？

让爸爸妈妈或者看护你的人帮你写下这些故事有两大益处：一来，能帮你把想好的故事变成工工整整的字记录在纸上；二来，能让你明白故事里的那些字词写成文字后是什么样子。当他们写完整个故事以后，你得要求他们在你旁边对照着写下的字，一字一字地把故事再读给你听。当他们用手指着每个字读给你听的时候，你不仅能很容易地明白它们的意思，而且一定也对这些字的写法抱有极大的兴趣吧。

发音、常用词和拼读能力

和学习阅读一样，学习书写的时候也有很多内容是同时进行的。学习书写之后需要进行的远远不止一项内容，而是一整套的学习流程。第一步要学习的就是常用词。正如进幼儿园第一天老师们教你的那样，常用词是我们学习任何语言时都应当首先掌握的。常用词和那些只需会读的词不一样，你不仅要会读，还必须会写。

常用词的使用频率非常高，在任何书里都几乎随处可见。对这些词最好熟练到一眼就能明白词义，而不需要再根据字母的发音来回想它们的含义。一旦学会了正确拼读，基本上你也同时学会怎么书写这些单词了。

当然，肯定有一些单词你既不会拼写也没办法正确书写。这个时候，就得让字母发音和拼读组词来帮忙了。尽管这两个概念很类似，但并非完全一致。

发音一般用音标标注，它能帮你明白字母在单词里的发音，通常是阅读的辅助工具。拼读组词和这个过程很类似，但在学习书写的过程中二者略有差异。比如，有时候你利用拼读组词——尽管有时候可能拼得“面目全非”，但还得利用字母的发音将它们拼写在一起组成想要的发音，这个过程其实也是单词的书写学习过程。

什么是拼读

QUESTION

拼读是孩子们初学书写时的重要辅助。一般来说，具备拼读能力的孩子能够将听到的发音用字母拼写出来。有的时候他们拼写的单词会很奇怪，但不管拼得对不对，都应当鼓励他们尽自己所能地努力拼读。

写作是一个持续不断的学习过程

学习写作的最后一个步骤就是掌握一些技能，包括语法、标点符号、文体，还有其他一些写作技巧。这个学习过程始于你懂得故事全部要素的时候。之后，你就可以学习各种写作文体来满足不同的写作需求了。比如，撰写一则小故事就和写一篇随笔完全不同。

你的写作技能会随着年龄的增长越来越好，而且你对抽象复杂思想的理解力也会越来越强。在你不断学习、持续进步的过程中，不妨让爸爸妈妈多多助你一臂之力。比如，每次写好东西之后让他们帮你看看，让他们针对细节问题采访一下你。又或者可以邀请他们和你一起玩一玩本书里列举的游戏活动，这样，学习对你来说就更加趣味横生了，你也一定不会误以为写作是件苦闷又无趣的事情啦。

数学

一说到数学，好像从大人到小孩都感到既吓人又无趣。小孩子害怕数学多半是因为感觉数学实在太难了，认为自己完全“不适合”学习算术。但事实是，很多人（包括大人和孩子）学习数学的能力远远超出自己的想象。

数学可不仅仅是列在练习册上的那些数字运算而已。不过被孩子们抱怨最多的恐怕还是这些运算所涉及的各种数字，还有需要记忆的各种公式了吧。如果你觉得这就是数学，那就难怪你不爱学数学啦。

数学就在你身边

最有趣的事情是，在连什么是数字或者数字长什么样子都不清楚的时候，你其实就已经开始学习数学了。初级数学的概念跟数字没有任何关系，而是各种分类和图案花样。通过这些再慢慢建立起数字与数字之间的万千关联。

图案花样在你身边随处可见。它们可以是你正在阅读的任何一本书上的文字，也可以是你最爱的短衫上的条纹图案，还可以是浴室墙上贴着的瓷砖花纹。

分类自然也是如此，它融合在生活的每时每处。当你把上衣和裤子分别收入不同的抽屉中时，你在分类；当你把乐高积木中的绿色小块归在一堆，而把蓝色小块归成另一堆的时候，你在分类；当你看到家长分类清洗衣物或者将超市买回的东西进行分类整理的时候，还是在分类……这一切的日常行为其实都是在为将来学习数字关系打基础。

数学为什么那么难

既然数学就在我们身边，那么学数学应该很容易，极少孩子学不好才对。其实，难的根本不是数学，而是学习数学的过程。以下这些因素可能会导致孩子们觉得数学实在太难学。

畏难心理：都还没开始尝试就被“数学”这个名词吓退了，一听到是学数学，就自认为会很难，于是打起了“退堂鼓”。

学法各异：学习的方式因人而异。同样是理解某个概念，有的孩子可能需要很多次训练，而有些孩子可能一点就通。但教科书一般是按照中等水平编写的，如此一来，那些需要额外练习的孩子和那些感觉还需要略微拔高的孩子就无法适应这种统一学法了。

教学风格一改再改：每个老师的教学风格各有千秋，再加上年级的升高也会带来教材内容的调整，教学方式自然不同。比起一以贯之的学习方式，在新学期开始的时候，孩子们可能还需要花时间来适应老师的教学风格。

好在跟着这本书学数学，你根本不需要头疼该选什么教材或资料，只需要玩玩扑克或者帮爸爸妈妈下下厨，就能轻松感受到数学在日常生活中的神奇魅力。你还会发现，只要有心，数学真的是无处不在的。

科学

和数学一样，科学其实也是身边之物。科学可不仅仅是实验而已，它教你如何观察身边的事物，教你怎么提出问题，怎么解决问题，然后再提出更多问题，由此循环往复。

科学的概念很宽泛，从生活到科技，包罗万象。你应该总是能听到这个词，因为它的分支学科实在太多了。在9年义务教育中，你至少会学到这7门与科学相关的课程：

生物：与生命有机体有关的科学分支，包括植物、动物等。

化学：研究物质成分的科学分支，包括物质的成分组合、分析化学和物质反应等。

地球科学：研究地球的科学分支，包括所有与天气、气候、地质学还有古生物学等相关的内容。

电学：研究电力的运作机制及操控方式的科学分支。

天文学：研究整个宇宙的科学分支，包括对星球、流星以及所有外太空现象的研究等。

工程学：设计制造机器的分支学科，也包括研究机器的功能和工作原理等。

物理学：关于物质和能力的科学分支，包括对声音、光、力以及磁性等的研究。

这份清单看上去确实包罗万象，似乎所有能想到的内容都和科学有关。你只需要记住，所谓的科学就是引导你找到探究世界、认识世界的方式方法。你没有责任记住所有事情的全部答案，但你有义务让自己在寻找真理的道路上永不停歇。

社会研究

乍一听来，与社会研究相关的话题很无趣。毕竟，谁愿意把自己的时间都花在学习过去、学认地图或者学习各类政府机构的运作机制上呢？不过，孩子们——包括你们的父母在内——慢慢地就会惊讶地发现，这些内容其实只是社会研究中非常小的一个部分而已。国家社会研究机构正在为改变公众的这一刻板印象而努力工作着。

随着科技的发展，我们的社会发展得越来越快，终有一天，全世界将在科技的带领下变成一座“地球村”。未来的你，甚至可以不出家门就与分处世界各地的同学、同事一起学习、共事。当这一天到来的时候，拥有足够强大的自我认识、良好的社交能力，以及对世界各种文化历史和风俗的了解与熟知就显得尤为重要了。

社会研究的主题

美国国家社会研究院制定了十大核心主题来帮助孩子们适应国际化社会的生存需求，分别包括以下几点：

文化：借助不同族群的当代风俗文化和历史习俗等，研究文化发展的古今差异以及不同文化之间的对比差异。

时间、连贯性和变化性：了解人类进化历程，知晓人类是如何演变成现在这个样子的。

人类、地点和环境：关于气候、地理还有自然资源的研究，能从中了解世界人口的分布以及这样的分布对文化所产生的影响。

个体发展与个性：了解自己所处文化对个体性格、认知的影响，学会如何在这种文化环境中获得成功。其中，包括社交技能和个体成长等。

个体、团体和集体：研究社会、宗教以及政治机构的构成和运作机制，以此洞察它们对社会信念的相互影响。

权力、权威和统治：各类政府体制下，它们的宗旨及构成，以及政府机关和人民所享有的不同权益。

- 生产、分配和消费：研究资源、贸易体制、供需关系还有各自对经济的影响等。
- 科学、科技和社会：了解科学和技术是如何改善并改变社会的。
- 全球性的关联：了解目前社会关联的方式，明白它们过去是如何相互联系的，将来又将发生怎样的改变。
- 公民理想和践行：大致了解各种文化背景下的价值理念和社会实践，知晓这些实践是如何帮助人民一步一步参与到社会事务中来的。它同时还包含了什么叫作公民民主权利等。

和科学一样，社会研究同样包罗万象。但你同样不需要为做不到无所不知而感到焦虑，你要做的不是立刻变得全知全能，而是让自己跟随书本的引导，不断探索这个自己生活其中的全球性社会环境。

CHAPTER 2

英语音素意识

音素是语言中有意义的、最小的语言单位。你可以把音素们想象成各种“嘴部运动”。比如，“go”这个单词就由两个音素构成，即“g”和“o”，二者缺一不可，少了谁都会哪儿也“去”不了。音素意识就是一种能够理解、听懂、辨识并且组合这些声音的能力。虽然听起来好像很复杂，但孩子们实际学习起来则是轻而易举的。如果你能听出单词各字母的发音，听出词语读得是否完整，又或者能够改读某些发音来组成新词，那你就已经具备音素意识啦！别担心，就像当初学习母语时一样，最开始也是咿咿呀呀地不知所云，慢慢就口齿清晰、发音准确了。这是一个水到渠成的过程。

随韵律和声游戏

你对开口发声一点儿都不陌生，对不对？从很小的时候开始，你就已经开口咿咿呀呀地学说话了，有时候改改声母，有时候变化下韵母或者声调。既然这样，为什么不再次利用这些方法来学习英语呢？而且你还可以给这些改换配上背景音乐，让它们听起来更有意思呢！只要你能听得出单词哪些部分的发音是一致的，再给自己来点儿节奏，就能照着指引愉快地玩这个游戏啦。

如果你还记得小时候玩的那些击掌游戏，就应该记得它们多是打着拍子有节奏地说唱，比如说“今天我们玩什么”，同时击掌，拍膝盖。接着说“大家准备好了吗”，同时击掌，拍膝盖。然后说“现在我要说……预备，开始”，同时击掌，拍膝盖。

这个游戏和你常常玩的那些拍手游戏差不多，只不过这个游戏不是单纯地要求你记住一些单词或者口诀，而是让你有机会练习各种口语发音。如果你在游戏中加入押韵的要求，那么玩时的难度会加大，但乐趣也会加大。

技能大提升

- 韵律感
- 辨音能力
- 听音会意的能力
- 准确发声的能力

怎么玩“随韵律和声”游戏

1.确定一种节奏。开始时最好用一些简洁明快的节奏，比如，坐下来，先拍手再用双手拍腿，用这种节奏重复4次。

2.当所有游戏参与者都跟上节拍以后，指定一种发音——既可以是英文单词的尾音，也可以是首音。只是在开始游戏之前得让所有人都明白，游戏的要求是跟随节拍说出有指定发音的单词。

3.在限定节拍内，用“现在我们玩含_____的词。准备好了吗？预备，开始”来开始游戏。

➕ 如果你想玩一轮押韵的游戏，你可以像下面这样玩儿：

1号游戏参与者："现在我们玩押韵，准备好了吗？预备，开始押韵吧！"

（拍手、拍腿，拍手、拍腿，拍手、拍腿，拍手、拍腿）

1号游戏参与者："Cat！"

（拍手、拍腿，拍手、拍腿，拍手、拍腿，拍手、拍腿）

2号游戏参与者："Bat！"

（拍手、拍腿，拍手、拍腿，拍手、拍腿，拍手、拍腿）

1号游戏参与者："Sat！"

（拍手、拍腿，拍手、拍腿，拍手、拍腿，拍手、拍腿）

2号游戏参与者："Mat！"

……

➕ 以下是指定首音的玩法示范：

1号游戏参与者："现在我们玩以ch开头的词，准备好了吗？预备，开始！"

（拍手、拍腿，拍手、拍腿，拍手、拍腿，拍手、拍腿）

1号游戏参与者："Chat！"

（拍手、拍腿，拍手、拍腿，拍手、拍腿，拍手、拍腿）

2号游戏参与者："Chin！"

（拍手、拍腿，拍手、拍腿，拍手、拍腿，拍手、拍腿）

1号游戏参与者："Church！"

（拍手、拍腿，拍手、拍腿，拍手、拍腿，拍手、拍腿）

2号游戏参与者："Change！"

……

游戏拓展

这个游戏还可以升级成更高难度的版本，比如第一位游戏参与者说出新词，其他人要复述1号说出的词。这样，你们不仅能练习口语发音，而且能训练提高自己的注意力和记忆力。

字音合一的洗衣游戏

你可能已经认会了字母表中的每个字母，也能够分辨出每个发音所代表的字母。但是，你学会了将这两种技能合二为一了吗？玩这个游戏，就能帮你建立起字母与发音之间的联系，并且从生活物品的名称中学会辨识这些字母在单词里的发音。

技能大提升

- 字音匹配的能力
- 辨识音素的能力
- 精细动作能力

游戏所需物品

- 26个木制晾衣夹
- 不褪色的马克笔
- 纸（非必要）
- 胶带（非必要）
- 剪刀（非必要）

游戏前的准备

按照字母表的顺序，将字母分别写在准备好的夹子上。如果夹子太小，不方便用马克笔直接写，那就拿一小张纸，把字母分别写在纸上，再把纸一张张地贴在夹子上即可。如果你年纪还很小，那你可能很难捏开夹子，这是因为你手上的肌肉还没有发育完全，不要因此感到沮丧，让家长帮你捏开它们就可以了。毕竟我们游戏的目的可不是比赛捏夹子这么简单。

怎么玩 “首字母晾衣夹”游戏

1.和小伙伴一起先复习每个夹子上的字母发音，然后将夹子分成两组，你们一人拿一半。

2.找一个地方作为你们的“游戏基地”（家里的阳台或者走廊就很好），然后拿好你们的夹子准备开始挑战吧。请对照手中夹子上的字母，在家里找到名称以它们作为首字母的物品。一旦找到以这个字母为开头的物品，就把夹子夹在这个物品上。

3.最先准确地夹完手里的夹子，并且将物品带回到基地的一方获胜！

怎么玩 “听辨尾音”游戏

1.看到妈妈折叠洗好的衣物的时候，不妨拿出你做好的这一套晾衣夹，邀请妈妈和你玩玩这个有趣的游戏。让妈妈在叠衣服的时候，用英文说出正在叠的衣物的名称，然后你就竖起耳朵拿好夹子准备大展身手吧！

2.认真听妈妈说出来的单词，尤其注意听最后一个发音是什么。听清楚之后找到与这个发音相对应的字母夹，把它夹在这件衣服上。比如，如果妈妈正在叠一件衬衫，她会说“shirt”，那你就可以在衣服上夹一个“t”。

怎么玩 “听辨中间音”游戏

1.对孩子们来说，听辨单词中间部分的发音比听首音或尾音难多了。这也是为什么最好在最后玩这个游戏。由于单词中间的发音一般都是元音，所以在这个游戏中，你只需要找出“a”“e”“i”“o”“u”这几个夹子即可。

2.在妈妈收走叠好的衣物之前，请她边收拾边清晰地将每件衣物的名称再读给你听。

3.你要认真听，一旦听出了单词中间部分的发音，就把相应的夹子夹在这件衣服上。

4.当你手中的夹子都用完以后，就从衣物上把它们取下来。如果你还想继续，不妨继续进行。慢慢地，你会发现原来晾晒收叠衣服竟然这样有趣。

游戏拓展

如果你觉得夹夹子实在太费力了，不妨花一点点时间去练习，还能顺便提高双手的精细动作能力。至于方法嘛，可以拿出一张暂且不用的硬纸板，不管发音，只需把夹子往纸板上夹，夹完了再取下来就好，循环往复，多次练习。

纸板幻灯片的自然拼读

音素意识和我们说的自然拼读是相互联系又略有区别的。音素意识让你有能力分辨出单词里各个发音的组成部分。自然拼读则是将发音和与它对应的字母联系起来，最终拼写成单词。二者最大的不同在哪里呢？自然拼读与单词书写有关，而音素则和音韵有关。这个游戏玩起来非常灵活，既适用于刚刚开始学习字母发音的孩子，也适用于刚刚开始学认单词的孩子。

技能大提升

- 音素意识
- 良好的动手能力
- 了解各字母的发音
- 拼读单词的能力

游戏所需物品

- 一块纸板
- 一张21厘米×27厘米的纸或者三条1.2厘米×30厘米的长彩带
- 不褪色的马克笔
- 剪刀

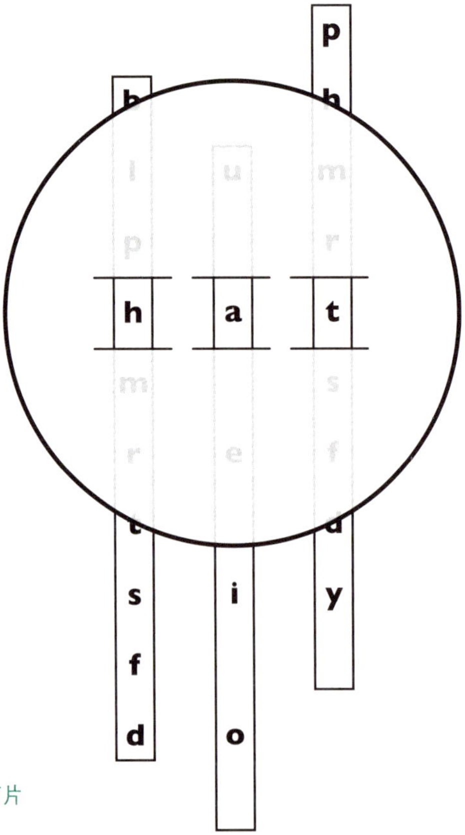

纸板幻灯片

游戏前的准备：制作纸板幻灯片

1.在纸板上画2条如下所示的水平直线（中间需断开）：

__________　__________　__________

__________　__________　__________

每条线应该是2厘米长，线段间间隔约1.2厘米。上下2条线彼此间隔3厘米。

2.沿直线在纸板上割开6个口子。

3.将一张纸剪成3条竖长的纸条，每条宽约1.2厘米，长约27厘米。或者直接拿出准备好的长彩带即可。

4.在其中一个纸条或长彩带上，从顶部往下约5厘米处开始，用不褪色的马克笔在上面依次写下所有的元音——“a”“e”“i”“o”“u”。字母与字母之间相隔约3厘米。

5.试着将写好元音字母的这张纸条编插进切好开口的纸板的中间口子里，方法是：拿着纸条，从纸板背后最下面的这个切口穿到正面，再从上面的切口穿回到背面。抓住纸条的两端上下拉动，测试下这个纸条幻灯片上所写的字母是不是恰好在两个切口的中间显示。

6.在剩下两个纸条的其中一个上依次写下辅音字母：“b”“l”“p”“h”“m”“r”“t”“s”“f”“d”“w”“c”。这些就是英文中最常用的12个辅音字母。写好后，将这个纸条编插入纸板最左边的切口里。

7.在最后一个纸条上依次写上这12个常用辅音字母，再加上字母“y”。写好后将这个纸条编插入纸板最右边的切口里。

怎么玩 “换字母造新词”游戏

1.拉动纸板上最左侧的那个纸条，让纸板最左边的两切口间正好能显示纸条上的一个字母。

2.请你确认现在看到的字母，并且将它的发音读出来。

3.用同样的办法，把中间及最右边的纸条上的字母显示并读出来。

4.当所有的字母都呈现出来后，请你试着拼读它们，请问现在你看到的是个什么单词?

5.你能拉动任意一个纸条来换字母，并造出新词吗?换动一个字母以后，变成了什么单词?

怎么玩 “拼出押韵词”游戏规则

挑战自己的拼词能力：先说出一个单词，然后拉动纸条，将和它押韵的词尽可能多地在展板上展示出来。

怎么玩 “拼新词”游戏

先想出一个词语，然后只允许拉动其中一张纸条来拼出新的词语。当然，拼新词时不必非要押韵。比如，“hat”这个词可以改动其中一个字母变成“hit”，也可以改动另一个字母变成“ham”等。

游戏拓展

思考并回答：为什么造不押韵的词语时，我们往往变化的是中间或者最后的字母呢?（提示：答案和词族有关，详见第3章“英语词族”。）

发音寻宝

随着你对组成单词音素的把握越来越好，你一定也发现了，有些发音其实完全不能简单地分解成单个的字母。这是因为有些发音根本就不是由单个字母构成的，而是几个字母的结合体。这些发音有的是两字母发一音或者连读音，在英语中是非常常见的。合成音一般由两个或多个辅音合在一起构成，虽然发音是合二为一的，但仍旧能听出每个辅音的发音。比如，单词“blend”中，“bl”合在一起发作[bl]，但仍旧能清晰地听出[b]和[l]两个辅音的发音。两字母发一音指的就是两个字母结合在一起发一个音，比如两个辅音“ch”，或者复合元音“ay”。玩一玩这个“发音寻宝”游戏，利用下面这个表格来搜寻一下你的目标吧：

两字母发一音或连读音	示例词	两字母发一音或连读音	示例词
bl-	blue, black, blanket, blocks	sl-	sled, slipper, slide, sleeves
cl-	clock, clothes, clay, cleaner	sm-	small, smooches, smile, smooth
ch-	chain, chair, chocolate, checkers	sn-	snail, snack, snaps, sneaker
cr-	crayons, cream, crust, crystals	sp-	space, spade, sparkly, spots
dr-	drawer, drain, drink, dryer	st-	star, stick, stickers, stencils
fl-	flip-flops, floor, flag, flashlight	sw-	sweet, sweater, swings, switch
gr-	green, grapes, grass, gravel	tr-	tree, trellis, train, truck
pl-	plate, plush toy, playthings, plane	th-	thin, throat, thirteen, there
sh-	ship, shape, shadow, shirt	wh-	whiskers, white, whisk, whiffle ball
sc-	scar, scarecrow, scooter, scanner		

技能大提升

- 音素意识
- 对两字母读一音或合成音的辨识能力
- 匹配字母及其发音

游戏所需物品

- 便利贴
- 铅笔或者马克笔
- 可重复密封的透明塑料容器
- 计时器

怎么玩 “发音寻宝”游戏

1.和小伙伴一起进行头脑风暴，把你们能想到的首音节是两字母读一音或者合成音的字母都写在便利贴上，每张便利贴上写一个。写好以后，你们的便利贴上应该写着包括以下这些辅音的字母，比如“bl”“br”“ch”“cl”“cr”“dr”“fl”“gr”“pl”“sh”“sc”“sl”“sm”“sn”“sp”“st”“sw”“tr”“th”“wh”等。

2.和小伙伴一起复习两字母读一音和合成音的有哪些例词，如果实在想不起来可以参考前面表格中列举的例词。然后，把写好的便利贴装入塑料容器内，这样你们就能拿着这个“武器”开始寻宝啦。

3.给每位参与者限定时间，要求在指定时间内将便利贴贴在家中（或者户外）以这个发音开头的物品上。至于给每位参与者设定多长的时间，就取决于你对他们水平的判断啦。如果每个发音旁还能给出示例词的话就更棒了。

4.按下计时器，开始你们的寻宝之旅吧。规定时间一到，所有人员都必须回来。如果有人手中还有便利贴没有贴完，那就再次计时，直到他完成为止。全部贴完以后，请贴的人带着大家一起参观他的“寻宝之旅”，看看这些发音都被贴在哪些物品上，让大家一起来评判正误。

游戏拓展

拿起你写好的这些两字母读一音或者合成音的便利贴，跟自己来一场头脑风暴，试着说出所有你知道的带有这些发音的单词。你可能无法在家里找到所有的物品，但通过这样的方式，你一定能提升自己的发音识别力。

信件分类

具备音素意识不仅指能够正确听辨单词首音节的发音，而且要求能够正确听辨单词的完整发音。这个游戏将调动你丰富的想象力，将你打造成一个具有音素意识的、能将图片与发音相匹配的小小邮递员。不过，这个游戏主要目的在于练习单字母的发音，所以在找游戏图片的时候，尽量不要使用那些两字母发一音或者合成音的物品，比如要尽量避免找椅子（chairs）、鞋子（shoes）或者大树（trees）等的图片。

技能大提升

- 识别字母及其发音的能力

游戏所需物品

- 索引卡
- 杂志或者剪贴画册
- 马克笔
- 剪刀
- 信封
- 胶棒

怎么玩 "信件分类"游戏

1.翻翻杂志或者剪贴画册，剪下一些你认识的、常见物品的图片。比如，你可以剪一只猫咪、一只脚、一辆车或者一只手等的图片。总计剪20～25个物品的图片就可以了。

2.将剪下来的图片分别贴在索引卡上，再把索引卡翻面，在反面写上图片中物品的英文名称。

3.挑出3～4个你想练习的发音。当然，这些发音都应当是词首音或者词尾音。把它们分别写在几个信封上。

4.先确定你们这一轮要玩的究竟是词首音还是词尾音，然后再正式开始游戏。

5.邮递员上岗分发信件啦。请拿起贴好图片的索引卡，看着图片大声读出这个物品的名称，根据发音将图片们分装入正确的信封内。比如，如果你们玩的是词首音的投递游戏，那么贴着猫（cat）和车（car）图片的索引卡就应该被投入写着字母"c"的信封内。

6.当所有的信件都投递完成后，请你们逐一打开信封来检查所有信件是否都投递准确。你们可以把索引卡翻过来，对照它背后写的单词，看看单词的首字母（或者尾字母）与信封上的字母是否吻合。

游戏拓展

当你已经熟练掌握单字母的发音后，就可以尝试在游戏里增加一些两字母读一音的发音啦。

英语词族

词族，在英语词汇中是指那些词尾字母大部分一致、发音押韵的一系列单词。学会认读押韵词汇是学习阅读的重要组成部分。当你有能力听辨押韵单词或者能根据发音自己拼读出那些相互押韵的词汇以后，再要学会认读这些单词的书写体，根本就是小菜一碟了。尤其当你因为认出词族的固定组合而能够认读完全不认识的词汇时，尽管你根本没有意识到，这个时候，你已经在学习如何分析词汇啦。

词族拼图

让孩子们学会词汇的各个发音是怎样组合在一起，又是怎样相互联系的最佳方式就是将它们展示出来。词族拼图就是一个能够让你“看到”各部分的发音是如何组合在一起，进而形成一个个押韵词汇的学习活动。在活动中，你只需要通过对几个最常用的词族的深入学习就能理解其他词族的发音奥妙了。以下是关于常用词族的示例表：

37组最常用的词族

-ack	-ain	-ake	-ale	-all
-ame	-an	-ank	-ap	-ash
-at	-ate	-aw	-ay	-eat
-ell	-est	-ice	-ick	-ide
-ight	-ill	-in	-ine	-ing
-ink	-ip	-it	-ock	-oke
-op	-ore	-ot	-uck	-ug
-ump	-unk			

技能大提升

- 音素意识
- 首音节阅读技巧
- 押韵词汇的识别力
- 发音处理能力

游戏所需物品

- 词族拼图活动的拼图模板（非必需）
- 卡纸或其他硬质纸
- 马克笔
- 剪刀

词族拼图

怎么玩 “词族拼图”游戏

1.在卡纸或者其他硬质纸上画出17个拼图小块，并剪下来。如果你实在不想又画又剪地弄出拼图小块，也可以直接剪出17个8厘米×8厘米的小方块来代替。

2.把其中的12片拼图块垂直放置（如使用插图模板则凸出部分朝向上下的垂直放置），再用深色的马克笔在拼图块上分别写下发辅音的字母：“b”“l”“p”“h”“m”“r”“t”“s”“f”“d”“w”“c”。

3.把剩下的5块拼图块水平放置（如使用插图模板则将凸出部分朝向左右呈水平放置），再用浅色马克笔在拼图块上分别写下发元音的字母：“a”“e”“i”“o”“u”。

4.用1个元音匹配1个辅音的方式分别拼出词族的固有发音，细致拼读这些发音并尽可能记住它们。比如，你可以把“a”和“t”拼在一起组成“-at”。

5.参考以下提问来开始游戏吧！

- 这些字母组合在一起读作[at]。请问，你可以说出一个以这个发音结尾的词汇吗？
- 你刚刚说的这个单词的开头字母是什么？
- 你可以在拼图里挑出这个字母，把它放在字母组合的最前面拼写出这个单词吗？

6.如果你能够拼写出这个单词，那么恭喜你，你已经掌握了一个押韵词汇啦！如果你们是两个人一起玩这个游戏，那就请另一个人再说一个和这个词押韵的新词，然后你再通过更换首字母拼出另一个押韵的新词。轮流拼新词，直到你们把含有这个发音的词族都说完，就可以换一个新的词族继续了。

游戏拓展

你们还可以用这些元音、辅音拼出自己想到的词，让对方认读以后，再通过更换一个字母的方式拼新词。新字母既可以换元音字母，也可以换辅音字母。

词族手翻书

当你对各个词族的发音特点有所了解以后，就可以把听音辨词的能力和认字辨词的能力相融合了。制作手翻书的游戏能够让你清楚看到造词全过程：只需改变单词的一个词首字母就能将它变成一个完全不同的新词。

既然已经学会了改变发音来灵活运用口语，那么也是时候学习运用书面文字了。制作手翻书的方法有很多种，每一种的效果都很好，你只需要根据家里现有的材料来选择最适合的制作方法就可以了。毕竟，整个游戏里，最复杂的环节就是制作它们了。

“快速浏览词族”游戏提升的技能

- 音素意识
- 首音节阅读技能

- 词族识别力
- 音形匹配的能力

“快速浏览词族”游戏所需物品

- 一个小的活页笔记本或者 组能装订成册的索引卡
- 剪刀
- 红色马克笔
- 蓝色马克笔
- 尺子

“快速浏览词族”游戏前的准备工作

1.将笔记本或者索引卡以装订处朝上的位置横着放好。翻开第一张空白页（或者第一张索引卡），测量首页的宽度，根据测出的宽度将它平均地分成三等份。可以用笔从装订处向下画出两条线来区分。沿着画好的线，用稍微锐利些的剪刀一次多页地剪开它们。当你做好以后，这个笔记本应该被剪成了3个可以互不干扰的、分别翻动的小册。

2.在中间这个部分，用蓝色的马克笔将元音字母分别写在不同的页面上。写好后，翻到写了“a”字母的这一页。现在，你应该看到笔记本整个页面上只有中间部分写着“a”，两边都是空白状态。

3.我们先做最后一个部分（最右边）。还是用蓝色的马克笔，将那些能和a一起组成词族的单字母或者字母组合分别写在每页纸上。比如，写“t”，组成“–at”；写“ck”，组成“–ack”；写“p”，组成“–ap”。

4.当你再也想不出任何能与a构成词族的字母以后，就可以翻到下一个元音字母页。比对最后一栏写好的字母，如果还有其他能和这个元音字母构成词族的，就继续写上去，直到写完为止。

5.在第一栏的小册页面上（最左边），用红色马克笔写下这些辅音字母：“b”“l”“p”“h”“m”“r”“t”“s”“f”“d”“w”“c”。

怎么玩 "快速浏览词族"游戏

请你通过翻动中间和最后一栏的字母来组成你认识的单词或者词族。然后翻动第一组的单词小册来给它们替换新的字母，组成一个你能读出来的单词。你可以随意地翻动这3栏的任何一栏来组成新单词、新词族或者押韵的词语。

"圆环词族"游戏提升的技能

- 音素意识
- 首音节阅读技能
- 词族识别力
- 音形匹配的能力

"圆环词族"游戏所需物品

- 索引卡
- 剪刀
- 单孔打孔器
- 3个金属开合环
- 红色马克笔
- 蓝色马克笔
- 含常见词族单词的贴纸或者剪贴画（如帽子、蝙蝠、猫、昆虫、马克杯等）

"圆环词族"游戏前的准备工作

1.拿出1张索引卡，横放测量它的长度。然后在顶部均匀地打3个小孔，每个小孔里装1个金属开合环。这样，手翻书的封底就做好了。

2.拿出12张索引卡，同样横放之后将它们裁剪成均等的三等份。现在应该有3叠各12张的卡片。

3.将其中一叠空白的12张卡片的顶部打好孔，穿在最左边的金属开合环里。

4.再拿起下一叠卡片，用红色马克笔在卡片上分别写下这些辅音字母："b""l""p""h""m""r""t""s""f""d""w""c"，每张卡片上写1个字母。同样在它们的顶部打个孔，全部穿在中间的金属开合环里。

5.用蓝色马克笔把37个常用词族中的任意12个分别写在最后这叠卡片上（具体可以参见“词族拼图”）。在它们的顶部打好孔后穿在最右边的金属开合环里。

6.你的手翻书应该是有一张完整的、作为封底的索引卡放在最下面，上面套有三叠各自分开的卡片，一叠是空白卡片，一叠写着辅音字母，还有一叠写着常见词族的词尾。

怎么玩“圆环词族”游戏

拿出准备好的代表常用词族词汇的贴纸或者剪贴画。请你任意说出其中某物品的名称，再用手翻书拼写这个单词。如果拼写正确，就将贴纸或者剪贴画贴在手翻书的空白栏中。直到所有的图片都粘贴完毕。接下来，你既可以翻字母页拼写单词来匹配图片，也可以根据图片来翻页找字母拼写正确的单词。

词汇转盘

只有在学会把字母的发音和字形相结合之后，才能轻松理解词汇转盘的游戏。不过，只要你认识到单词的词头和词尾其实是按照一些规律搭配的，那么随着阅读水平的提升，把头脑里那个词汇转盘转动起来不过就是时间问题罢了。

我们可以把单词或各音节中位于第一个元音之前的字母称作“音节头”。但不是每个单词（音节）都有音节头。比如，“grand”这个单词的音节头是“gr”，但音节“and”就没有音节头。位于单词尾部的那些字母或者音节就被称为“韵字母”。韵字母一般是以元音开头的。

用词汇转盘来玩一玩单词的音节头和韵字母，能够快速提高你的拼读能力。这样，你不仅能够认出哪些单词里的发音是一致的，而且还能明确知道是哪些字母让它们有同样的发音。

技能大提升

- 音节头和韵字母
- 拼读能力

游戏所需物品

- 大的圆形硬质纸
- 小的圆形硬质纸
- 剪刀
- 尺子
- 彩笔
- 黄铜固定器

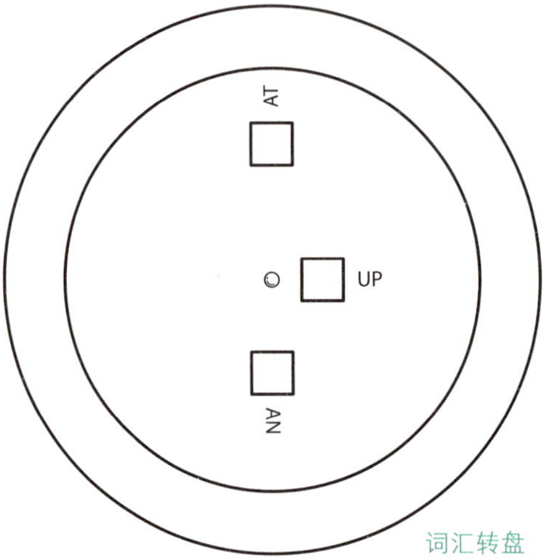

词汇转盘

怎么玩 "词汇转盘"游戏

1.将小的圆形硬质纸放在大的圆形硬质纸上面，调整好位置（使两个圆的圆心重叠）之后，在它们的圆心处都打1个孔，然后分开放置。

2.拿起小圆纸，在小孔的右侧约3厘米的地方剪出一个边长为5厘米的正方形"窗户"（这一步骤最好由成年人来做），然后如图所示，在小孔的斜上方和斜下方用同样的办法剪出大小一样的正方形窗户。注意，可以根据纸的硬度来选择合适的裁剪工具，也可以用美工刀刻。做好以后，这张纸上应该开好了3扇小小的正方形窗户。

3.拿起一支彩笔，在第一扇小窗的右边写下一个（组）韵字母，比如"and"或者"up"（可参见"词族拼图"游戏中所列举的例词）。然后将纸盘转一转，让顶部的小窗转到右边来。再用另外一种颜色的彩笔在窗户右侧写上不同的韵字母。最后，将另一扇小窗转到右边来，再用一种颜色的彩笔在它的右侧写上另外的韵字母。

4.把小圆盘放回到大圆盘上面。通过它们中间的小孔，装入黄铜固定器，将2个圆盘组合在一起。

5.转动上面的圆盘，保证没有小窗户位于黄铜固定器的左边。注意，窗户右侧所写的韵字母的位置和颜色都是固定的。拿起同样颜色的彩笔，在小窗户里写上一个与这个韵字母组合以后能构成一个完整单词的音节头（这个音节头实际上是写在大圆盘上的，因为小圆盘的这个部位已经被挖空了）。

6.顺时针地转动圆盘，直到小窗户里出现能够书写的空白处。接着，在里面写上另一个字母。重复这个动作，直到你写的第一个音节头重新出现在窗户里为止。

7.转动整个圆盘，直到另两扇窗户中的其中一扇旁边所写的字呈水平方向，能正常阅读为止。同样地，用和它一样颜色的彩笔在它前面小窗户里写音节头。然后慢慢转动小圆盘，重复之前的动作直到最开始写下的那个音节头再次出现在窗户中。再整体转动整个圆盘，保证最后一扇窗户后的字呈水平方向，能正常阅读。同样用和它相同颜色的笔在窗户里写声母。

8.现在就可以转动这个词汇转盘啦，看看你能认出并且读出多少单词!

比萨烤盘的词汇魔法

虽然字母磁铁的确是用来学认英文单词的好帮手，但你应该发现它所处的位置——冰箱门完全不是一个学习的好地方。不仅仅因为这些字母磁铁动不动就容易从冰箱门上掉下来，而且更主要的原因是，你很少愿意站在冰箱前面学认字！为了省去以后蹲在冰箱前四处寻找遗失字母的痛苦，还是改为玩这个巧妙利用比萨烤盘的词汇魔法游戏吧。市面上卖的字母磁铁都能轻轻松松和烤盘完美贴在一起，而且用烤盘还能很方便地把它们摆在面前玩儿，就像看书一样。最好所有的元音字母都是不同于其他字母的统一颜色。如果你家里现有的字母磁铁不是这样的，那最好再另外买一套，以保证它们能凑成同一颜色的一整套。毕竟将元音字母的颜色凸显出来，才能帮助你更直观地认识到——正如它们在口语中的发音一样——它们的特征是如此明显。

技能大提升

- 词族识别力
- 音韵识别力
- 读音与字母相匹配的能力
- 单词辨识能力
- 精细动作能力

游戏所需物品

- 至少1套完整的字母磁铁

- 干净的比萨烤盘或者饼干烤盘
- 有色胶带或者不褪色的马克笔

怎么玩 “比萨烤盘的词汇魔法”游戏

1.取出字母磁铁，把它们分成元音和辅音两类。

2.将元音排成一排贴在比萨烤盘的顶部。再把所有的辅音字母一字排开贴在烤盘的一侧。

3.在烤盘的中间用笔画出或者用有色胶带贴出一个矩形区域，大小刚好能放入一个字母磁铁。这个就是你的魔法字母盒。

4.请你挑选出元音加辅音的组合，能组合成一个简单的词即可。要求组出的词都能够在前面再加上一些字母组成其他新词，比如“it”“at”“up”“in”“an”“am”“or”。

5.请你将选好的元音加辅音的组合贴放在之前画好的魔法字母盒后。

6.将剩下的辅音字母再次分类，将那些能够加在小词前组成新词的辅音字母找出来。

7.在归好类的这些辅音字母中，任意找出一个贴在魔法字母盒里组成一个新词。比如，如果你先组好的词是“it”，挑的字母是“s”，将“s”放入魔法字母盒里时得到的词就是“sit”。

8.如果玩游戏的不止你一个人，那么每个组好新词的人都必须将这个新词拼读出来。然后让下一个游戏参与者再换其他的字母组成另外的新词。你们也可以变换游戏规则，除了让下一个游戏参与者自己随意拼组新词外，还可以指定他组出特定的新词。当所有人都再也想不出任何新词的时候，这一轮游戏就结束了。你们可以再换一组由元音和辅音组成的小词放在魔法字母盒后面，开始新一轮游戏。

游戏拓展

这个游戏可以升级成这个版本：新词拼好以后，拼写的这个人不用自己读，而是由下一个游戏参与者读出这个词，之后再选择其他字母组成新词。此外，你们还可以在草稿纸上画出词语所表示的相应物品。

英语常用词

常用词有很多种不同的称谓，可以叫作“高频词”“核心词”，甚至还能被叫作“爆米花词”（因为对于这类词语，要求在认出的瞬间就能脱口而出，迅速反应）。对于英语初学者而言，至少有两类常用词是必须掌握的，一种叫“多尔希常用词表”（Dolch Sight Word List），还有一种叫“弗雷高频词汇表”（Fry Instant Word List）。学习的时候，老师们也可能一起教授这两份词表。这两份词表各自列举了英文中最常见的前100个词，令人惊讶的是，这些词几乎涵盖了英语书面文字50%的单词。

最常用的100个词

这些最常用的100个词也被人们称作“魔法词”。按照在书面语中的使用频率依次列举如下。这些都是英、美等国家的孩子在上四年级之前必须掌握的基本词汇。

100个最为常见的词

the	of	and	a	to
in	is	you	that	it
he	was	for	on	are
as	with	his	they	I
at	be	this	have	from
or	one	had	by	word
but	not	what	all	were
we	when	your	can	said
there	use	an	each	which
she	do	how	their	if
will	up	other	about	out
many	then	them	these	so
some	her	would	make	like
him	into	time	has	look
two	more	write	go	see
number	no	way	could	people
my	than	first	water	been
called	who	am	its	now
find	long	down	day	did
get	come	made	may	part

注：词汇源自弗雷·爱德华·B.和克罗斯·杰奎琳·E.《阅读教师教参书单（第5版）》，乔西·贝斯，2006年出版印刷。

环境文字书

环境文字所包含的词汇来自你的周围。它们可以是你最爱的麦片包装盒或者餐厅的商标，可以是你最喜爱的玩具的品牌商标上那些很熟悉的文字，也可以是大街上“禁止通行”等的指示牌。总之，在拿起书本读书认字之前，你早就开始认读这些环境文字了，因为它们太显而易“见”了！

制作一本这样的环境文字书就是制作一本在你真正认字之前能够独立“阅读”的书籍。你说不定还会因自己在日常生活中自然而然就学会了词汇感到惊讶呢！

环境文字书的好处在于其中的词汇都来自你生活的方方面面，你可以非常容易就制作出一套系列丛书。其中，最简单的莫过于制作一本《字母书》（或者《词汇表》）。除此以外，你可以制作《我最喜爱的食物》《我知道的标识》，甚至《我最爱逛的小店》等。当然，如果取名叫《字母书》，自然可以将所有词汇都涵盖进去。

技能大提升

- 预读能力
- 识字能力
- 分类能力
- 精细动作能力

游戏所需物品

- 三孔活页笔记本或者螺纹笔记本
- 纸
- 剪刀
- 胶水
- 三孔打孔器（如用普通纸，则需要打孔器进行打孔）
- 促销传单、餐馆菜单、食品商标、食品包装盒、数码相机

怎么玩 “环境文字书”游戏

1.按顺序用英文字母给每张纸或者活页笔记本的每页纸标注顺序。每页上写一个字

母。为了认清字母的大小写，请你将它们并排写在纸上。或者也可以把大写字母写在最上面的边角处，把小写字母写在最下面的边角处。如果你用的不是可装订的活页纸，那么请你在每页纸上都打好孔，然后将它们装入笔记本的装订器里。

2.请你浏览之前收集好的已经“认识”并且会读的商标、传单和其他打印材料。将上面常见的英文标志剪下来，对应名称首字母，贴在相应的标好字母的纸上。每页纸上可以贴多个标志，毕竟标志越多，你能练习阅读的材料也越丰富。等你贴累了，实在不想贴了，就停下来，读一读已经贴好的这些内容吧！

3.将暂时还没贴的页面记录下来，想想生活中有没有什么英文单词是以这些字母开头的。如果你想出来某个以这个字母开头的词（如“s”开头的字母就可以贴用来表示禁止通行的指示牌“STOP”），那就让家长带着你出去考察考察，带上你的相机，把你想到的物品拍下来，打印成照片，再将它收入你的小书里。

用常用词来下棋

如果让学习的过程变得动态化，那么大部分孩子都能学得很好。这个游戏就是一个能让你和你的伙伴们都动起来的游戏！在户外任何地方画上一个棋盘，就可以开始愉快地玩耍了。不过，如果你们担心玩着玩着可能会被突如其来的大雨淋湿，或者想要画好的棋盘以后也能重复使用，又或者你们最爱的场地是一片草地无法画棋盘……没关系！你们可以找一条废旧的床单，在它上面画棋盘，那问题就迎刃而解啦。

不过，随着认字能力的不断提升，你需要学习的常用词也会经常更换，所以为了让这个棋盘可以用得更久一点儿，建议你将词写在标签上，然后把它们贴在棋盘上，而不要直接用马克笔写在棋盘上。当需要换一批常用词的时候，也更便捷。

技能大提升

- 常用词辨识能力
- 大动作及精细动作能力
- 辨别左与右的能力

游戏所需物品

- 能在地上书写的粉笔
- 4种颜色的马克笔
- 一片空旷的人行道活动区域或者一块浅色的大床单
- 索引卡
- 大号拉链封口袋

游戏前的准备

1.找一块至少长1.5米、宽1.2米的空地。用鲜艳的彩色粉笔在地上画一个长方形。如果你用的是床单，那就用不褪色的马克笔在上面画一个长方形。

2.在长方形内部，画4个竖的长方框。每个长方框的宽度要能放进一只脚。

3.将这些小长方框内部都分成5排。现在你面前应该有20个小格子。

4.在每个小格子里写1个你想学习的常用词。

5.选择一种颜色的马克笔，把这些写好的常用词誊写在索引卡上，1张卡上写1个词。再分别用另外3种颜色的马克笔各写3套常用词索引卡。都写完以后，你应该用4种颜色的马克笔把这些词分别写了4遍。每一种颜色代表身体的一个部位：左手、右手、左脚、右脚。

6.将写好的常用词索引卡打乱，让所有颜色的词汇都混合起来，然后将它们一起装入大号拉链封口袋里。

怎么玩 “用常用词来下棋”游戏

1.在棋盘格子里复习这些常用词。然后把装着索引卡的封口袋拿给其他伙伴看，大家一起决定什么颜色代表身体的哪个部位。可以在棋盘格子上标记相应的记号，来提醒大家记得游戏的规则。比如，可以指定红笔写的词代表右手。

2.指定好游戏顺序以后，就可以抽第一张词卡了。抽出来后，必须读出卡上的词，再在棋盘上找到这个常用词的位置，根据词卡的颜色把相应的手或者脚放在旁边。完成以后，由下一位游戏参与者继续游戏，依次往后。

3.如果摔倒或者不能把相应的身体部位放在指定位置上，那么这个人就输了。最后一个坚持“屹立”在棋盘上的人获胜。

给家中物品贴标签

学会认读日常物品不仅是学习认读的一部分，也是成为畅读者的重要学习内容。以下就是流畅阅读者的一些特征：

- 能够容易地解析新词。
- 掌握了很多核心词或者常用词。
- 能够通过发音或者上下文语境推想出新词的意义（也被称作“猜词技巧”）。
- 能用抑扬顿挫的语调流畅阅读。
- 当发音有误时能自我纠偏。
- 能默读，不需要小声跟读。
- 能正确理解、推断，且能解释、阐明自己所读的内容。

虽然房间里的物品并不全都包含在你列举的常用词表上，但也无法阻挡你想要动笔写字的欲望。只要是你知道或者熟悉的东西，你都会迫不及待地想把它们写下来。而最令你感到熟悉的莫过于自己的家！这个游戏有很多种有趣的玩法。你可以去买适合写英文的句型条。顾名思义，句型条就是一长条一长条的纸，上面画着适合书写英文字母的横线条，可以写单词、句子等。它们通常一面是空白的，另一面印着横线条。使用有横线条的这一面，注意字母大小写所在的不同线条位置，尽量将字母漂亮地写在这些横线上。

技能大提升

- 单词辨认能力
- 词语配对能力
- 叙述技巧
- 流利度

游戏所需物品

- 索引卡或者句型条
- 不褪色的马克笔
- 胶带

怎么玩 “给家中物品贴标签”游戏

1.仔细参观下你的家吧。在能叫得出英文名字的物品上，用马克笔将它们的名字写在索引卡或者句型条上，再用胶带贴在不显眼的地方。不过，再怎么不显眼，这张纸条还是会在那里待上一些时日的！

2.每次当你经过、打开、坐、卧，又或者使用任何一样贴了英文名字的物品时，就要注意看看贴在上面的卡片，并且朗读一遍。

3.为了让游戏更有趣一些，你也可以用这些名词造句，比如写“This is Mom's chair and I'm not supposed to sit in it”（这把是妈妈的椅子，我不能坐在上面），或者写“I hate using this toothbrush every night”（我实在很讨厌每天晚上都要用这把牙刷刷牙）。

游戏拓展

实物连连看：当你已经熟练掌握家中所贴英文标签的全部内容以后，是时候来玩一玩升级版游戏了。请你另外再制作一套家中物品的英文名称卡，写好后拿着它们去找对应的实物。如果你能够将卡片和实物一一对应，那就可以将原先的标签撕下来了，不过记得要把手里这套卡片整理好。

用词语描述实物：用一个词来描述家里的物品，看看你的描述能力如何。你可以想一想，到底是“蓝色的牙刷”，还是“让人发痒的毛衣”呢，选择一个你觉得最恰当的词来形容它们，并把这些词写在卡片上，就写在这些物品名称的前面。这个游戏升级对你来说可能有点儿难，但它的确能帮你把故事讲得更生动、更详细——不管是讲故事，还是写故事。在你讲故事的能力有所提高之后，还能将这些标签上的语言整合在一起进行会话练习，比如说说你觉得在什么情况下牙刷会变成一支“痒痒的牙刷”。

常用词的壁球墙

在欧美国家的小朋友的教室里通常会有一面专门的展示墙，用来张贴那一学年里孩子们该掌握的所有核心词和常用词。有些老师布置的展示墙，墙上的词汇贴是可以随时取下来的，学生们拼写一些特定词汇时，如果需要参考，就能从墙上取下它们，用完以后再贴回去。但也有些老师布置的展示墙上的词汇是固定的，只能往上贴而不能减少。

要我们在自己家里也开辟出这样一面墙来专门张贴常用词的确有些不切实际。但是，弄一面临时的常用词墙给你练习练习还是有可能的。这个游戏呢，最好能在户外进行，找一面没有窗的墙壁就好了。如果你只能在室内玩儿，那就换成一个软一些的球再进行游戏。如果室内或户外都找不到一面合适的墙壁，也可以在地板或者平地上玩儿，只不过竖着的墙壁能更方便你阅读词汇罢了。

技能大提升

- 手眼协调能力
- 大肌肉运动能力
- 常用词辨识能力

游戏所需物品

- 索引卡或者句型条（也可以利用“给家中物品贴标签”游戏中做好的词卡）
- 马克笔
- 封口胶带（如果在室内玩儿，就用有色胶带）
- 球（户外玩儿就准备网球，室内玩儿就准备软一些的球）

怎么玩 “常用词的壁球墙”游戏

1.用马克笔在索引卡上写下20～25个常用词（可以参考本章开篇列举的常用词汇表）。

2.如果在户外玩儿，就用封口胶带将词卡贴在墙上；如果在室内玩儿，就用有色胶带来贴词卡。贴词的时候要注意词卡的间距，横竖都要相隔一定的距离，这样用球瞄准的时候才更好对准。

3.如果游戏有两个参与者的话，一个人说墙上的任意词，另一个人找到这张词卡后，用手里的球对准、投掷，直到所有的词卡都投遍，则一轮结束。

4.如果你是一个人玩儿，也可以对准你想瞄准的词，大声读出来，然后对准、投掷。

击沉常用词小船

这个游戏和战舰游戏的规则是一样的，只不过在这个游戏中，我们不是让战舰沉下去而是让常用词的小船翻掉。要玩好这个游戏，既要有策略，也要有强大的拼写能力。如果你找不到现成的方格纸，那就让家长用电脑帮你做一份：在软件中插入一个26行、20列的表格，打印前记得取消纵向打印的选项框，勾选横向打印格式，还要记得勾选“适应当前页面”这个选项框（如果有这个功能的话）。

技能大提升

- 问题解决能力
- 单词辨识能力

游戏所需物品

- 2个马尼拉文件夹
- 4张26（行）×20（列）的方格纸
- 2支铅笔
- 2支马克笔
- 常用词汇表
- 订书机

游戏前的准备

1.将马尼拉文件夹长边边脊朝上横放，把顶部稍稍折起。现在，你再打开文件夹的话，它看上去就像一台打开的笔记本电脑一样。在每个文件夹里放入一张方格纸，合上文件夹以后，方格纸就被完全遮蔽住了。用订书机固定好方格纸。

2.在方格纸上找到最顶端的一行，这一行应该是紧挨着文件夹折痕的。用马克笔在第一行的每一格里按顺序依次写上26个英文字母。你的X轴线就完成了。

3.在方格纸的第一列（左手起的第一列），用马克笔在每一个方格里从上到下依次写上1～20的数字。你的Y轴线也完成了。

怎么玩 “击沉常用词小船”游戏

1.游戏里使用的常用词数量最好不要超过5个（等你和你的伙伴们对这个游戏越来越熟练以后，可以升级规则，加大难度，增加游戏里常用词的数量）。在开始游戏之前，所有的参与者要在纸上或者索引卡上写下大家商议好的、游戏中用的常用词数量，写好后放在旁边作为参考。

2.按照大家商量好的常用词数量，每个参与者拿起铅笔在文件夹里的方格纸上写下自己的常用词，一个方格里写一个字母。因为游戏规则是尽可能不要被别人弄翻了自己的常用词小船，所以写词的时候最好也用一些小谋略，确保自己的小船很难被找到。可以横着写、竖着写或者斜着写，唯独不可以反着写。

3.轮流来猜对方所写词的坐标和这个方格里的字母是什么吧。比如，1号游戏参与者可以说“B4，A”，如果2号游戏参与者真的在B4这个方格里写了一个A，那他就要说“击中了”。如果这个方格里没有写A，那就回答“没击中”。一旦这个常用词的所有字母都被击中，那么这个游戏参与者就要向对手说出自己写下的常用词是什么，而且要说这条常用词的小船被击中了。第一个掌握了对手写的所有常用词的人获胜。

CHAPTER 5

英语词汇

当你不再满足于会认、能读基本词汇时，就该开始结合语境深入学习了。词汇量越丰富，对词汇在语境中所表达的含义理解得就越深入。一般来说，词汇的学习无非就是会读，会写，会认。但要真正学好词汇，可不像单纯地理解词汇的意思这么简单，你还需要掌握推测词义的方法，学会词根并了解它还能重组成哪些新词，掌握一词多义以及同音异义的情况等。

单词捕手

通过找周围环境中和印刷品上的高频词汇的方式，你学习了常用词，也提高了自己的词汇储备。现在，也是时候换种学习方式了。毕竟，总用类似的方式来学单词的话，很容易感到厌倦。你现在是不是已经对用词卡学单词感到兴味索然了呢?

现在，是时候让“单词捕手”这个游戏隆重登场啦！对大人们来说，这个单词捕手看起来就是个中间破了洞的苍蝇拍，但对求知好学的孩子们来说，这可是个极有创意的学习词汇的好帮手。至于游戏中用来练习的书，书上的字号最好和你平时读的字号大小一致，以便于你根据游戏中切开的小窗口的尺寸顺利“捉”住常用词。

技能大提升

- 单词辨别能力
- 精细动作能力

游戏所需物品

- 一个干净的塑料苍蝇拍（形状独特或色彩艳丽的更具吸引力）
- 标尺或者直尺
- 马克笔
- 剪刀
- 练习用的书

游戏前的准备：制作单词捕手

1.在苍蝇拍的中间量出一个矩形框，并做上记号。记住，这个框的大小应该刚好能框住练习书上的一个单词。所以画框之前，你可以先测量书上单词的平均长度和宽度。如果你实在不确定这个小窗口的尺寸，那就直接画一个5厘米×3厘米的长方形吧——这是一般通用的尺寸。

2.请大人用剪刀从矩形边缘戳下去，然后沿着边线将矩形小块剪下来，这就是你的单词捕手。

3.拿起你的单词捕手，在书上试一试，看看能不能在小窗口里“捉”住单词。

怎么玩 **“单词捕手”游戏**

1.捕手做好以后就放手捕词吧，毕竟谁也不能阻拦你学习词汇的热情。

2.玩玩演技吧，假装这些词都是带着翅膀的昆虫，如果你不立刻捉住它们，下一秒它们可就飞走了！所以一看到你要找的词就要立刻挥拍捕捉。以下是一些可供参考的玩法：

- 把最近学习的词语或者常用词抄成一份清单，放在身旁。和小伙伴们一起看书的时候，确保你们都能很方便地拿起清单和单词捕手。不管谁先在书里找到清单上的词，先拿起捕手捉到这个词的一方获胜。
- 用捕手将书上的词一个一个地框起来，慢慢地读。虽然读书的速度会减慢，但这种方式不仅能帮你细致地认读书上的每一个字词，还有助于帮你理解句子的结构。过程中，记得要时不时地回想一下，现在捕手框住的词读什么，有何含义。
- 在清单上任选一个词，读书的时候顺便捕捉这个词，数一数捉住的次数。对每周的读书情况做份记录，看看每周读了哪些书，捉过哪些词，在每本书中各捉过几次等。等一周结束，就可以授予这个单词出现次数最多的那本书“无冕之王”的称号。你也可以一次选多个单词来玩这个游戏。
- 把单词捕手带上早餐餐桌。等吃完早餐以后，看看你能在印刷品上用你的小捕手捉到哪些常用词，可以借用麦片的外包装盒或者晨报等。
- 带着单词捕手去趟商店吧。尽管大人们可能会担心，在你用小捕手捉商标或者包装上的词时会变身成一个“破坏者”，但我相信你会做得很好。毕竟，你带着小捕手是为完成捕词的任务的，将你的专业展现出来吧，一定会做得很棒！

词汇记忆

当你有一系列的词汇需要学习时，玩这个游戏就再好不过了。这种情况在学校会经常遇到，比如开始学习某个特定主题的一系列词汇，或者学习教材上新的一节内容时等。在生活中，需要学习很多词汇的时候可以介绍一个即将开始的假期或者描述爸爸妈妈的工作内容等。

技能大提升

- 单词辨识能力
- 专注力
- 词性词义的匹配能力

游戏所需物品

- 一组词汇表
- 马克笔
- 索引卡

怎么玩 “词汇记忆”游戏

1.把要学习的词汇表写在索引卡上，注意一张卡上只写一个词，并在反面标注“X”。

2.再拿一张索引卡，将这个词的词义写下来。如果不知道词义，就向家长请教或查字典。写好以后，在这些词卡的反面标注“O”。

3.用某个词汇造句。要求通过这个句子，可以很明显地推断出这个词语的含义。将这些句子写在第三张索引卡上，并在反面标注感叹号。

4.用这个方法写好其余词汇的卡片，并将3套卡片混合在一起，正面朝下地像摆其他记忆卡片那样，依次排列在地板上。这个游戏的目标就是看谁能集齐最多词、词义、句子相匹配的成套词卡。

5.1号游戏参与者随机翻开3张分别标注“X”“O”和感叹号的词卡，如果3张都不匹配，那就让这些卡片正面朝上地留在原处。如果3张正好完全匹配，那么这个游戏参与者就能将3张卡片同时拿走。

6.2号游戏参与者既可以从已经翻出的卡片中找，也可以翻其他还未翻面的卡片。等所有的卡片都配对完成以后，手中卡片最多的一方获胜。

反义词和同义词

有一些反义词和同义词是你必须掌握的词汇。反义词是指意思相反的两个词，比如“上”和“下”；同义词是指意思大致相同的两个词，比如“快乐”和“高兴”。

很多孩子记忆反义词和同义词时都比较吃力。而且即便吃力地记住了它们，在具体语境中使用时，也很难快速想到它们并正确运用。玩这些有关反义词和同义词的游戏就能帮你提高此方面的反应速度。这个游戏既可以正正经经地在家里用纸和笔来玩儿，也可以在外面用零碎时间随意玩儿。

技能大提升

- 词汇辨识能力
- 反义词和同义词

游戏所需物品

- 铅笔
- 纸
- 计时器

怎么玩 “相反或一致的头脑风暴”游戏

1.这个游戏用纸笔有用纸笔的玩法，不用也有不用的玩法，而且没有输赢一说。如果你想练习一些特定词汇的反义词和同义词，最好还是将它们写下来。当然，也可以随意选用一些词来玩儿。

2.确定一个词来开始游戏，并且定好你想玩它的反义词还是同义词。

3.说出这个词，按下计时器，看看你们在1分钟内能想到多少反义词（同义词）。

4.如果你们是用纸和笔来玩游戏，可以将每人想到的词默默地写在各自的纸上，时间到后比较纸上所写词的数量。如果没用纸笔，也可以直接说出头脑里想到的词。

怎么玩 “3分钟超级反义词、同义词”游戏

1.这个游戏相对来说更复杂些，而且更适合多人一起分组玩儿。以组为单位，给每

个小组分发纸笔。将纸折成两栏，在两栏中分别写上“反义词”和“同义词”。

2.商量出一个词进行游戏，也可以让裁判来决定，还可以从一堆词卡里随机抽取选出一个词。

3.计时器计时3分钟。在规定的3分钟内，每组成员要在纸上写下尽可能多的反义词和同义词。

4.时间到后，其中一组读自己写好的清单，如果另一组听到和自己写的一样的词，那两组都要将这个词从清单上划去。

5.纸上剩下的不重复词语最多的小组获胜。

怎么玩 “我说的是什么词”游戏

1.这个游戏需要一张词汇表。可以给每位游戏参与者都复印一张词汇表，也可以将词汇表贴在大家都能看清的地方。

2.1号游戏参与者选好一个词以后，不要告诉任何人这个词是什么，然后开始说出这个词的同义词或者反义词。

3.第一个想出这个词并说出1号游戏参与者说的是同义词还是反义词的游戏参与者获胜，并由他选择下一个词，开始下一轮游戏。

4.猜对一个词记1分，当积分达到10分时，游戏结束。

复合词游戏

复合词是指组合了两个词的读音和含义的词。比如，单词“smog”，意思是烟雾，就是组合了“smoke”（烟）和“fog”（雾）。在这个世界上，充斥着各种类似“smog”（烟雾）和“labradoodle”（拉布拉多贵宾犬）这样的词汇。有时候很难辨别哪些是单独的词汇，哪些是组合而得的词汇。通过这个游戏，你不仅能学会辨别词汇是否为复合词，还能学会如何编属于自己的独特词语。

技能大提升

- 造词能力

- 对语言的理解力
- 语音意识

20个常见复合词

构成词1	构成词2	复合词
labrador（拉布拉多）	poodle（狮子狗）	labradoodle（拉布拉多贵宾犬）
smoke（烟）	fog（雾）	smog（烟雾）
biographical（传记）	picture（影片）	biopic（传记片）
emotion（情绪）	icon（图标）	emoticon（表情图标）
glamour（迷人的美）	ritz（炫耀）	glitz（炫目）
fan（爱好者）	magazine（杂志）	fanzine（爱好者杂志）
car（车）	hijack（抢劫）	carjack（劫车）
breakfast（早餐）	lunch（午餐）	brunch（早午餐）
jeans（牛仔裤）	leggings（打底紧身裤）	jeggings（牛仔样式的打底裤）
spoon（勺子）	fork（叉子）	spork（叉勺）
web（网络）	log（航行日志）	blog（网络日志）
education（教育）	entertainment（娱乐）	edutainment（寓教于乐的出版物）
situational（情景）	comedy（喜剧）	sitcom（情景喜剧）
information（信息）	commercial（商业广告）	infomercial（专题促销广告）
net（网络）	etiquette（礼仪）	netiquette（网络礼仪）
friend（朋友）	enemy（敌人）	frenemy（伪装成朋友的敌人）
tangerine（柑橘）	pomelo（柚子）	tangelo（蜜柑与柚子杂交的果实）
electronic（电子）	mail（邮件）	e-mail（电子邮件）
motor（汽车）	hotel（旅馆）	motel（汽车旅馆）
guess（推测）	estimate（估计）	guesstimate（依推测的估计）

怎么玩 “说出复合词词义”游戏

1.游戏开始之前，大家需要事先准备一些能够混合在一起变成混合词的词语。可以从上方的表格里选，也可以再找其他可以组成复合词的单词。

2.猜一猜由两个词组合在一起的新词的词义是什么。

3.如果实在猜不出来，可以借助字典，查出两个原始词语的词义分别是什么，然后用反推的方式来猜一猜。

怎么玩 “说得出构成它的单词吗”游戏

1.这个游戏刚好与前面那个游戏相反。这一次，你需要事先准备好的是复合词及它们的词义。

2.游戏的任务是猜测这些复合词是由哪些词语组合而成，并且说出它们各自的含义。建议尽量避免一些人名的复合词，比如“Brangelina”（布拉吉丽娜）是Brad Pitt（布拉德·皮特）与Angelina Jolie（安吉丽娜·朱莉）的组合，这些专有的复合词对你们来说难度太大了。

怎么玩 “我在说什么”游戏

1.这个游戏有可能成为你最喜欢的游戏，因为你有机会来自己造复合词了。

2.每个游戏参与者都有机会造一个属于自己的独特的复合词。1号游戏参与者可以先说出自己造的复合词，然后其他人来猜这个词的词义以及是由哪些词组合而成的。猜出来的人得1分。

3.1号游戏参与者随时都能要求其他人用自己的复合词来造句，并且要求句子的语境要和词义相吻合。

4.如果复合词被合理造句了，就能得1分。如果造出复合词的游戏参与者不能用自己造的复合词造句，或者无法解释出这个复合词是由哪两个单词构成的，那么就转到下一位游戏参与者说出自己的复合词。

词汇阅兵式

方位词是你必须掌握的基本词汇之一，因为在生活中它们使用的频率非常高。比如，爸爸妈妈会让你把掉在床下的玩具捡起来，或者将沙发后的彩笔整理好。语言里的方位词可能会多得超乎你的想象。不过没有关系，下面这几个游戏就能帮你学会一些你根本没想过要去学的方位词。

技能大提升

- 掌握方位词

游戏所需物品

- 毛绒玩具、塑料玩具或者人偶
- 玩具旗帜
- 胶带
- 需要使用的方位词：above（上），after（之后），around（附近），behind（后方），beside（旁边），between（中间），in（里），in front of （前面），left（左边），on（上面），over（上方），right（右边），under（下面），underneath（底部）

怎么玩 "户外方位大阅兵"游戏

1.让家长带你到附近的公园，然后建一个超越障碍训练场。这些障碍物不需要太复杂——借助很多运动场上原本就有的障碍物，此外还可能需要放一些小障碍物（比如小棍子或者球）在它们的下面、上面或者里面，或者将这些障碍物放在野餐桌、滑梯、树的后面等。

2.等你们都布置好以后，就可以开始游戏啦！你需要跟着指令走。

3.和游戏参与者一起回想所有方位词，并且复习这些词的词义。大家互相补充，回想出尽可能多的方位词。

4.接下来，开始你们的阅兵式吧。你们可以参照下面的表述来玩儿：

Climb up the stairs and sit on the slide to the left of you. What is behind you? Is there anything under you? Slide down the slide and go around the nearest tree. Look to the right of the tree and check behind the picnic table. What did you find? Now, run between those two sticks, throw the ball over the table, and crawl underneath the closest slide.

中文意思为：从台阶爬上去，坐在你左边的滑梯上。请问，你的后面是什么？你的身下有东西吗？从滑梯上滑下来，然后走到最近的一棵树旁。请你看看树的右边，翻看野餐桌的下面。你找到什么东西了吗？现在，请你在两根小棍的中间跑起来，把球从桌子上方扔过去以后，就在最近的滑梯下匍匐穿过。

怎么玩 "室内毛绒玩具阅兵式"游戏

1.保证最少有5种动物玩具。给每个玩具取个名字，这样在游戏中你们就能准确知道所描述的是哪种动物玩具了。

2.在家中略开阔的地方摆放两把椅子，两把椅子间的距离要远一些。将这两把椅子分别作为阅兵游戏的起点和终点。在作为起点的那把椅子上贴好玩具旗帜。

3.现在，是时候开始阅兵式了！你可以用很多种不同的毛绒玩具来玩这个游戏，我们现在假设你是用猫、猴子、狗、狮子还有老虎的毛绒玩具来玩儿，那么你的方位指导语可以这样说：

Put the cat at the front of the parade and let the dog be last. The lion should be between the cat and the dog, but after the monkey. Place your tiger behind the lion.

中文意思为：将猫排在阅兵队伍的最前方，让狗排在最后。狮子应该站在猫和狗之间，站在猴子的后面。把老虎安排在狮子的后面。

游戏拓展

可以用玩具捉迷藏的方式来练习方位语。比如，一个人藏玩具，然后用方位词来引导另一个人到所藏的地方找这个玩具。

变幻的词形

阅读初学者有很多种方式学习新词汇，但有一种方式你肯定还不知道，那就是掌握词的整体形状。组成单词的英文字母的形状也被称为“伯马形”，如果你能够认出这个词的构成格式，那么通过它的整体形状你就能够将字母填入正确的位置。

完成这个要求并不像听上去的那样复杂。当你在英文书写纸上写单词的时候，有些字母写在中间区域，有些字母写在中间区域的上面，还有一些则是写在中间区域以下。这些就构成了我们说的词语的外形。

如果用正方形来代表那些写在中间区域的字母，向上突出的小长方形就代表写在中间区域之上的字母，那些写在中间区域以下的字母则用向下突出的小长方形来表示。比如，“shape”这个词如果用方框来表示就该像这样：

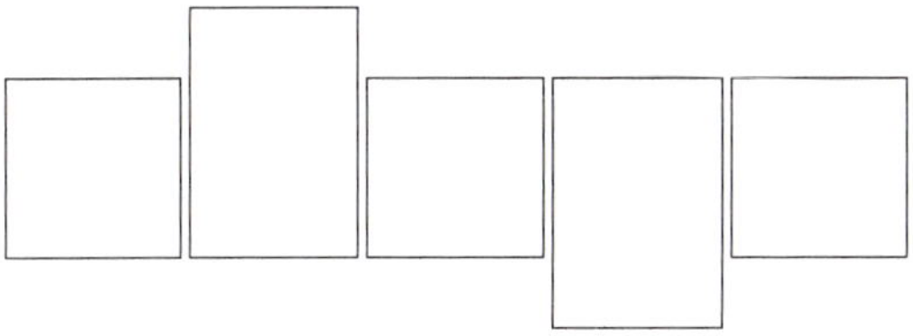

技能大提升

- 词汇识别力

游戏所需物品

- 铅笔
- 纸
- 词汇表

怎么玩 “变幻的词形”游戏

1.对照词汇表，给每个词汇画一张词形图。

2.给每个单词都画一个空的词形图。或者可以访问像从A到Z教学素材网这样的网站来下载它们的在线词形表。网址如下：

http://tools.atozteacherstuff.com

3.将画好的词形轮廓剪下来。对照词汇表，看看你能不能将单词和它的词形匹配起来。

4.将词汇表收起来，看看你能不能辨认出每个单词各自的词形图。

CHAPTER 6

英语阅读理解

当你的词汇理解能力有所提升之后，自然要进入更为复杂的阅读阶段。在这一阶段，你不仅要能够认识每个独立的单词，而且要理解它们相互组合之后的意思。比如，你肯定认识“Read blue apple Monday sit”（读蓝色苹果周一坐）中的每个单词，但从整体句义来看，却根本不懂它是什么意思。因为这个句子无法表示任何意义。一个具有良好阅读理解能力的孩子能够很清晰地指出这一点，当然能够读懂一句话、一段文章，甚至是一本书所讲述的内容。

创立移动图书馆

写英文读书笔记这种作业你不会陌生吧！在第一次和它“相遇”的时候，你一定会倍感压力。因为是第一次，所以完全不知道写读书笔记需要哪些要素，要整理哪些细节，该如何概括等。做一个流动书展能让你和你的朋友们有机会一起阅读书籍。这样不仅有利于你们深入地探究书中内容，而且能为将来写第一份英文读书笔记打下良好基础。

技能大提升

- 阅读理解能力
- 分析推理能力
- 精细动作能力
- 书写能力

游戏所需物品

- 一本和大家一起阅读的带有章节的英文书
- 10张索引卡
- 铅笔
- 剪刀
- 毛线或纱线
- 衣架
- 打孔器

怎么玩 “创立移动图书馆”游戏

1.选择一本浅显易懂的章回故事书，玛丽·波普·奥斯本的《神奇树屋》等就很适合。因为这类书里的角色个性鲜明，有着令人印象深刻的情节，还能激发你们的想象。

2.大家一起阅读这本书，一次几章即可。读完以后，记得一起讨论一下书中内容。以下提问可供参考：

- 书中的主角是谁?
- 书里发生了什么事情?
- 这些事情发生在哪里?
- 书中的人物克服了哪些困难?
- 你最喜欢书里的哪些内容?最不喜欢的又是什么呢?

3.其实，你回答完上面的这些问题，已经基本说出了一篇优秀的读书笔记所要具备的全部内容啦。接下来呢，我们就要把这些信息整合在一起。这样一来，其他人就能参考你写的信息来决定自己是否读这本书了。

4.收集好信息就可以建立移动图书馆了。请你拿出一张索引卡，在上面记录这本书的书名和作者。在卡片上方的两直角处分别打个孔。剪下两段长度一样的绳子。将绳子分别穿入两个孔里，两根绳子要一边一根地系在衣架的左右两端的支架上。

5.请你数一数这本书里有几个主角(主角通常只有一个，但有些书会有两个主角)。然后拿出与之数量相同的索引卡，在索引卡的任意一面上画一幅和主角有关的图画。每个主角使用一张索引卡。

6.把卡片翻过来，写上“Main Character”(主角)的字样后，再写上主角的名字，并用几句话描述这个主角的个性品格。同样在上方直角处打好孔后用一段绳子把它系在衣架底部横条的最左边。

7.再拿两张索引卡出来，把书中所写的背景或者故事发生的地点描绘上去。请你在其中一张索引卡上画有关书中背景的图画，在另一张卡上写下“Setting”(背景)的字样，并且写清它们在书中出现的时间和地点。

8.在画了图画的卡片底部打个孔，在写着文字说明的卡片的顶部打个孔。用一小段绳子把两张卡系在一起，再在图画卡的顶部打个孔，用绳子将它系在衣架底部的横条上，挂在主角卡的旁边。

9.再拿出三张索引卡，用来展示书中的情节。分别给三张卡片标注上“Beginning”(开头)、“Middle”(中间)和“End”(结尾)。请你用三句或三句以内的句子说说书里的开头，并把它写在对应的卡片上。同样地，按照这个要求写好“中间”和“结尾”两张卡。在卡片的上下两端都打好孔，按照顺序依次系在一起，然后把它们挂在背景卡片的旁边。

10.制作一张“Conflict”（冲突）索引卡。请你描述故事里的矛盾冲突，然后把想好的文字写在卡片上。在这张卡片上打好孔，挂在情节卡片的旁边。

11.再在一张索引卡上标注 “Evaluation”（评价）。这张卡将用来呈现你的思考，关于你对这本书是否值得一读的看法等。这次，你要写的内容是如何说服别人去阅读这本书。在卡上写下你的评价，然后在卡上打好孔，把它也系在衣架上。

故事棒子

有各种各样的故事棒子能帮助你提高阅读理解能力，让你掌握概述故事时的一些重要因素。这些故事棒子可以用在很多方面。它们一般是用五颜六色的手工棒制作而成，可以用来复述已经读过的故事或者帮你编写一个自己的小故事。

技能大提升

- 阅读理解能力
- 分析推理能力

游戏所需物品

- 五颜六色的手工棒
- 不褪色的马克笔
- 小容器或者有封口条的小袋子

怎么玩 “故事棒子”游戏

1.将手工棒按照颜色进行分类，用不同的颜色代表故事的不同要素：情节、角色、开头、过程、结局和背景。

2.将每种颜色的手工棒分别装入不同的容器或者小封口袋中。你可以选用下面这两种方式中的任意一种玩儿：

- 读完一本书以后，将每种颜色的手工棒各取一根出来，把相应要素的信息写在棒子上。然后，将这些手工棒用橡皮筋或者绳子绑成一捆。当你积累了一些捆以后，可以随意从中抽取一捆，解开后，根据棒上所写的内容回顾之前所读的故事内容。
- 根据手工棒上所写的信息，写一个和从前所读故事完全不同的新故事。可从描绘不同故事的手工棒中按照要素各抽取一根，根据棒子上所写的信息，编写一个全新的故事。

故事魔杖

故事魔杖可以检测你在阅读时和阅读后对故事内容的理解情况。它就像真正的魔杖那样，能够激发你的想象力。而且在你觉察之前，魔杖就会在你面前挥动，让你复述刚刚所读的内容。

技能大提升

- 阅读理解能力
- 分析推理能力

游戏所需物品

- 8个新的苍蝇拍或者吹泡泡魔杖（在儿童用品店或者超市都很常见）
- 卡纸
- 马克笔
- 加强型胶带

怎么玩 “故事魔杖”游戏

1.用卡纸剪出8个圆圈，卡纸的色彩尽可能的丰富多样，并且所剪的圆圈要和吹泡泡魔杖或者苍蝇拍的大小吻合。

2.在每个圆圈上分别写一个问题或短句，参考如下：

- 这个故事是关于什么的？

- 这个故事有些什么角色?
- 这个故事发生在哪里?
- 你能猜猜接下来发生了什么吗?
- 故事里有哪些情节?
- 你可以说说这本书里你最喜欢的角色或者情节吗?
- 这个故事的开头和结局是怎样的?
- 故事的中间发生了什么?

3.将8个圆圈分别用胶带贴在魔杖或者苍蝇拍上。

4.你可以在读书的间隙，利用休息的时间举起魔杖，根据所读内容回答魔杖上的问题，也可以读完整个故事后挨个儿回答所有的问题，随你喜欢，哪种都可以。

故事骰子

故事骰子是让你和家长能相互交流所读内容的很棒的小道具。始终不要忘记，培养畅读者的最佳办法就是让家里有一种阅读的氛围。这可不是让你去强迫爸妈一起读书，而是希望你们能多多在一起交流彼此阅读的体验和感受。

技能大提升

- 阅读理解能力
- 分析推理能力

游戏所需物品

- 故事骰子的制作模板（见后文）
- 马克笔
- 白纸
- 胶水或者胶带

怎么玩 “故事骰子”游戏

1.照着书中的模型，复制一个故事骰子的模板。从以下问题中选出6个分别写在骰子的各个面上。如果想再多选几个问题，你也可以多做几个骰子。

- 读这本书的时候，你学会了哪些新单词？
- 你会向朋友推荐这本书吗？为什么呢？
- 这本书有没有让你想再读更多类似主题的书呢？
- 请用5句话或更少的句子概括书中的内容。
- 书中关于各角色的插画和你想象中的人物形象吻合吗？
- 故事里的主角是谁？
- 你觉得这样的故事在现实生活中会发生吗？为什么呢？
- 请你描述这个故事的情节。
- 这本书里你最喜欢的部分是什么？
- 读这个故事的时候有让人想哭的内容吗？让人发笑的内容呢？
- 故事里有你非常认同的角色吗？为什么？
- 这个故事的主要矛盾是什么？
- 你觉得它属于什么体裁？

2.根据右图所示，将写好问题的骰子模板沿着虚线折起来，再用胶水或者胶棒将边沿按说明贴好。

3.轮流掷骰子，根据所读故事的内容回答骰子上所写的问题。

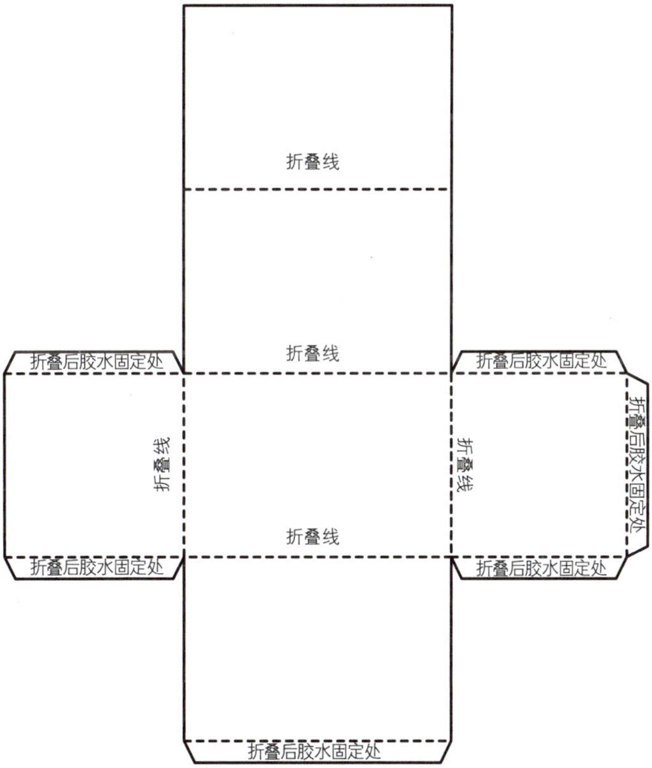

故事骰子平铺示意图

我说的是什么故事

如果一起玩耍的小伙伴年龄有大有小，且在大家成长过程中都听过一些相同的故事，那么你们在一起玩这个游戏的话，一定非常有意思。游戏的方式有很多种，不管用哪种方式，都能让每个人的各项能力得到锻炼和提高。

技能大提升

- 阅读理解能力
- 分析推理能力
- 口头沟通能力
- 书写能力

游戏所需物品

- 笔
- 纸条
- 碗
- 计时器

怎么玩 “我说的是什么故事”游戏

1.大家围坐在一起进行头脑风暴，看看有哪些书或者哪些故事是在座每个人都读过的。把大家都读过的书名或者故事名分别写在纸条上，放入碗中。

2.游戏开始以后，第一个游戏参与者从碗里随意抽取一张纸条。他有3分钟的时间去表演、描述或者画这个故事。

3.猜到故事名的游戏参与者得1分，并且由他开始抽取下一轮游戏要猜的故事。如果3分钟过去了，大家都没能猜出这个故事的名字，那么大家就可以对故事的情节、角色或者环境等提出“是非问答”来获得更多的信息。借助提问猜出故事名字的游戏参与者仍然可以获得1分。如果此时依然没有人猜出故事的名称，那么把大家全都难倒了的游戏参与者获得1分。

4.最先赢得5分的游戏参与者获胜。

故事比比看

童话或者寓言一类的插图书，它们的奇妙之一在于同样的故事被很多不同的作者重写再创作。这些改编过的故事里也深深刻下了作者自己个人特色的印记。比如，乔恩·谢斯卡写的《三只小猪的真实故事》就从狼的角度重新演绎了经典的童话故事——故事里的狼成了一名新闻记者。改编后的故事的基本要素和经典童话里的完全一致，但促使狼做出这些事情的原因却改变了。狼是一个不可靠的叙述者，即一个不能被信任的讲故事的人。每个不可靠的叙述者都带着自己的偏见和动机去歪曲地讲述故事。读者需要自己去辨别什么是真实的，什么是虚假的。阅读同一故事的不同版本还能帮你学会一些写作技巧，比如从不同角度切入写作以及判断不可靠的叙述者等。

技能大提升

- 阅读理解能力
- 分析推理能力
- 用不同的视角看待同一问题
- 视觉组织能力

游戏所需物品

- 不同颜色的马克笔
- 一大张纸或者海报板
- 同一故事的两个不同版本

怎么玩 “故事比比看”游戏

1.和家长一起到图书馆或者书店里找一套同一故事的不同版本的绘本或者故事书，一起读一读这两个版本的故事，讨论它们的相似处和不同点。

2.用一种颜色的马克笔在大纸上画一个大大的圆圈，再用另一种颜色的马克笔画一个和前一个圆圈略有重合的大圆圈。现在两个圆圈应该有一个类似橄榄球的重叠区域。这种方式就叫作“维恩图解”。

3.在第一个大圈的上方写上你所读的一个版本的故事名字。在第二个大圈的上方写上第二个版本的故事名字。在它们重叠区域的上方，写上“Things that are the same”（相同的内容）。现在和家长一起进行头脑风暴，把两个版本的故事中所有相同的内容都列举出来，写在这个区域。

4.想一想第一个故事的独特之处或者不同点，把它们写在第一个圆圈里。同样地，将第二个故事的独特之处写在第二个圆圈中。

5.都写好以后，你不仅清楚地了解了两个故事的异同，而且亲身体验了如何将两个故事进行对比。

购物清单

对你的父母来说，去超市采购可能是件很累的事情，尤其购物的时候还得带上你的话就更辛苦了。不过，只要有心，生活总能变得更加美好，这件事情也不例外。只要你们预先做一点点准备，就能让超市采购变得趣味十足，而且还能让你学到很多有意思的东西。其中，就隐藏着各种各样能帮你提高阅读、书写以及排序能力的机会。

技能大提升

- 认读环境文字
- 创造性拼写能力
- 书写能力
- 对形状和颜色的分辨能力
- 分析推理能力

游戏所需物品

- 安全剪刀
- 胶棒

- 白纸
- 超市宣传单
- 彩笔
- 横格纸
- 铅笔

怎么玩 "列清单"游戏

1.请拿出安全剪刀、胶棒、白纸，还有超市的购物宣传单。万一有些想买的物品在宣传单上找不到，你可能还要准备一些彩笔在手边。

2.在家长写购物清单的时候，请他们大声地说出需要购买的物品名称，这样你就能大致了解今天要买的物品是什么。根据你听到的物品名称，在宣传单上找到你认为对的物品图片，然后把图片剪下来贴在你准备的白纸上。

3.让家长把他写好的购物清单和你贴好的图片清单对比，再还给你。

4.请家长一个一个地报他清单上写好的物品名，你根据听到的内容在自己的清单上做记号，看看有没有什么物品被遗漏了。让家长报物品名的时候速度慢些，若有遗漏物品，你就有时间在宣传单上找到与遗漏物品相对应的图片，或者直接自己画一幅图补在清单上。

5.出门采购的时候，你和家长各自拿着自己的清单。这样既能降低漏买物品的概率，还能让你对这次购物产生强烈的参与感。

怎么玩 "写出英文购物清单"游戏

如果你已经不是个小小孩，那么剪图片对你来说可能就显得过于幼稚了。如果你认为自己的能力足够胜任，那么就拿横格纸和铅笔，让家长报他们想买的物品，你自己来书写英文清单吧！年龄越小的孩子，写清单时的单词越可能是自己创造出来的。所以，如果你不是很确定单词的正确性，不妨让家长也列一份副本带着。不过，等你年龄大一些后，清单一定会越写越准确的。

怎么玩 "我想吃的菜"游戏

1.这个游戏与食物有关，你需要提前考虑一下自己想吃什么菜。确定要吃些什么菜后，请家长把相关菜肴所需要的食材等告诉你。

2.根据所需食材和调味料，请你在家里清点已有的物品。

3.清点完毕后，请写出还需要外出采买的物品清单。

超市寻宝

超市是一个玩寻宝游戏的绝佳场所，那里有各种物品可供寻找，而且也有各种方式来组织寻宝游戏。从提高能力的角度来看，各种寻宝游戏都能训练你的排序能力。当然，如果你求知欲强烈的话，同时训练的还有你认读标签的能力。以下就是一些可供参考的寻宝游戏的玩法。

技能大提升

- 认读环境文字
- 对形状和颜色的辨别能力
- 分析推理能力

游戏所需物品

- 胶棒
- 索引卡

怎么玩 “色彩寻宝”游戏

1.无论你多大年纪，最好在游戏之前明白，在寻宝游戏中即便找到指定颜色的商品时，也不要将商品从货架上取下来，只需要指着这个商品说出它的颜色即可。

2.要知道，小孩子对色彩的认知会随着年龄的增长而变得愈加深刻。年龄稍小的孩子可以挑战找出8支装彩笔所对应的各个颜色的物品，每种颜色找到最少5件相同颜色的物品。这些颜色分别是红色、橘色、黄色、绿色、蓝色、紫色、黑色和棕色。年纪略大些的孩子可能更喜欢挑战一些不常见的色调，比如蓝绿色、天蓝色或者紫红色等。

怎么玩 “形状寻宝”游戏

在超市里找不同形状的物品，这个游戏看上去好像太过简单了些，但请你千万不要小瞧这个游戏的难度。当然，如果要找的是一些圆形、正方形、三角形和长方形的物品，自然是简单极了！但如果要求你去找一些形状略微复杂的物品呢？比如六边形等。如果你已经学过了立体几何图形，那么还可以去寻找一些锥形、圆柱、金字塔形的物品等。

怎么玩 “追寻食物标签”游戏

1.这个寻宝游戏比其他的复杂一些，游戏前所需的准备工作也更繁杂一些，但准备好的这些物品在游戏结束后是可以重复利用的。前期的准备工作要从留存日常食用的食品标签或商标开始，你需要将这些标签或商标分别贴在索引卡上。

2.当家里需要去超市采购的时候，请家长翻阅这些索引卡，挑出哪些商品是这次需要采买的。然后让他们将对应的索引卡给你，你拿着这些索引卡，自己推着购物车找到并且购买它们吧。注意，你必须了解，买东西的时候不仅仅要看对应的品牌，而且要关注商品的大小尺寸以及其他一些细节等。

造 句

成为畅读者的下一步就是努力成为一个文笔流畅的“小作家”。文笔要想流畅，和练就流畅阅读一样，都是一种综合能力。第一步就是学会造出优秀的句子。优秀的句子和好句子的区别就在于细节。本章关于造句的游戏可以教会你如何关注细节，同时还能让你明白细节对整体表达的重要性。

搭建句子塔

学会造句的最佳办法无疑就是实践。乐高积木是可以堆叠的，能让你清晰地看到“细节”是如何被堆叠在基本的句子主干上的。这个活动的目的是让你造出更好的句子，而不是挑战你手部的精细动作能力。所以，如果你在精细动作上遇到困难，建议你不妨选用美高积木来替换乐高积木。因为美高积木的体积更大些，操作起来会相对容易一点儿。

技能大提升

- 造句能力
- 分析推理能力
- 了解句子的基本构成
- 精细动作能力
- 分类能力

游戏所需物品

- 白色标签贴（或者白纸条加胶带）
- 乐高积木或者美高积木
- 马克笔

游戏前的准备

1.请先按照颜色对积木进行分类。分类完成后，再在不同颜色的积木中，按照大小差异分出小号、中号和大号。

2.选择一种颜色的积木来表示动词，一种表示名词，一种表示形容词，一种表示冠词，还有一种表示副词。

3.用头脑风暴的方式想出尽可能多的名词，并将每个名词单独写在一张标签贴上。用同样的办法写出其他的词性类别。

4.将标签平整地贴在各种词性所对应颜色的积木块上。注意不要将积木全部贴完，各种颜色的积木块都要留一点儿，这样玩游戏之前就能给大家演示怎么用它们来造句了。

5.请你分别建起名词塔、动词塔、形容词塔、冠词塔，还有副词塔。

怎么玩 “搭建句子塔”游戏

1.给“a”“an”“the”“this”和“that”等冠词做一些小小的标签贴。将这些标签贴在最小的积木块上，这样大家一眼就能看出它们是句子结构中的一个小小的组成部分。

2.给伙伴们演示如何用冠词、名词和动词造出一个基本的句子。比如，你可以造一句：“A dog runs.”（一只狗在跑。）如果你有乐高底板或者垫子，就从左往右地用积木拼出这些词，这样也便于大家阅读。如果没有乐高专用的底板，就把它们按从上到下的位置拼在一起建成句子塔——“runs”应该在最下面，“dog”应该在中间，“A”应该在最上面。

3.请伙伴们尝试自己造句。

4.大家可以用提问的方式帮忙扩充这些句子。比如，如果一个小伙伴用乐高堆出来的句子是“The alligator ate”（鳄鱼吃了），你们就可以这样提问：“鳄鱼是什么颜色的？”“鳄鱼吃了什么呢？”“鳄鱼怎么吃的？”等你们问完问题，他的句子可能就已经扩充成：“The green alligator sloppily ate the quick fish.”（一只绿色的鳄鱼囫囵地吞下了一条飞速游过的鱼。）

游戏拓展

挑战自我，把句子塔建得尽可能高，元素尽可能完整。然后如果可以的话，不妨试着将这些句子连成一小段话，甚至一个小故事。

难以置信的句子扩充

难以置信的句子扩充（也被称作“句子金字塔”），是一种能让你清晰地看到句子是如何在增添信息后从普通变为精彩的绝佳方式。这个游戏既可以用白纸玩儿，也可以用白板玩儿。

技能大提升

- 造句
- 分析推理能力
- 了解句子的基本构成

游戏所需物品

- 一大张纸或海报板或白板
- 马克笔或白板笔

怎么玩 "难以置信的句子扩充"游戏

1.在纸或者白板的左手边从上到下写下数字1～6。在第一行写下一个短句，如"I saw a boy"（我看见一个男孩）。

2.请你增加一个词来描述这个男孩，如"I saw a small boy"（我看见一个小男孩）。把这个句子写在第二行上。

3.请你增加一个词来描述这个男孩正在做什么，如"I saw a small boy running"（我看见一个小男孩在跑步）。

4.继续给这个句子增加词语，直到写至第6个或者第7个句子。写完以后，对于如何扩充句子就已经一目了然了。它们看起来就像台阶一样，比如：

I saw a boy.

I saw a small boy.

I saw a small boy running.

I saw a small boy running away.

I saw a small boy running away from a dog.

I saw a small boy running away from an angry dog.

中文意思为：

我看到一个男孩。

我看到一个小男孩。

我看到一个小男孩在跑步。

我看到一个小男孩跑过去了。

我看到一个小男孩从狗旁边跑着逃开了。

我看到一个小男孩从一条愤怒的狗旁边跑着逃开了。

句不成句

这个游戏告诉你，一个句子不管读起来是多么“不可理喻”，只要它的开头、中间和结尾都在，那它就是一个完整的句子。整个游戏过程中，你一定会笑得不能自禁，然而就是在这笑声中，你将悄悄学会用英语造句呢。

技能大提升

- 造句
- 阅读

游戏所需物品

- 3种不同颜色的索引卡或者句型条
- 马克笔或者钢笔
- 句不成句的构成成分（参考下表或者自己创建一份）

怎么玩“句不成句”游戏

1.把句子开头部分写在一种颜色的索引卡或者句型条上，句子的中间部分写在第二种颜色的索引卡或句型条上，句子的结尾部分写在第三种颜色的索引卡或句型条上。

2.将卡片按照开头、中间和结尾分成三叠，然后各自打乱顺序。将这三叠卡片字面朝下地放在面前。现在，你面前的这些就是造句所需要的全部内容了。你只需要随意从每一叠中抽取一张卡片就能造出完整的句子了。

3.请你随机从每叠里各抽取一张卡片，然后将句子组合在一起。读一读这个句子，判断它的句义是否通顺。如果句义不通，那么你觉得它还是一个完整的句子吗？虽然感到很奇怪，但你一定也意识到尽管这个句子完全不通，但因为它有开头、中间和结尾，所以依然是一个完整的句子。

4.把所有的卡片都翻转过来，字面朝上，这样你就能看到卡片上的词或短语了。请你从中挑选出荒唐的组合。

句不成句的构成成分

开头	中间	结尾
My mother（我母亲）	ate（吃）	to get to the moon（到达月球）
The cute boy（可爱的男孩）	wanted（想）	to run away（逃走）
His grandma（他奶奶）	decided to（决定）	make cookies（做饼干）
The goofy dog（傻傻的狗）	ran to the door（跑到门边）	to make the bus（去制造巴士车）
A little rhinoceros（小犀牛）	caught（抓住）	in the snow（在雪中）
My father（我父亲）	rode my bicycle（骑我的自行车）	to the mall（去商场）
A blue car（一辆蓝色的车）	drove down the road（沿着路驾驶）	without stopping（一刻未停）
The pumpkin（南瓜）	made soup（做汤）	in the rain（在雨中）
My best friend（我最好的朋友）	slept in the dirt（睡在泥地里）	to go to school（去上学）
That big bowl（那个大碗）	sang a song（唱歌）	to scare his sister（去吓他妹妹）
A tiny girl（一个小女孩）	grew（成长）	in the river（在河里）
My annoying sister（我烦人的妹妹）	fell to the floor（跌倒在地上）	while I laughed（在我笑的时候）
My little brother（我弟弟）	flies（飞）	to keep warm（来保暖）
My library book（我借的书）	meowed quietly（轻声喵喵叫）	to get to work （去工作）
An airplane（一架飞机）	washes dishes（洗碗）	so she can go to the store（这样她就可以去商店了）

开头	中间	结尾
The truck（一辆卡车）	growled（咆哮着）	under the bed（在床下）
A strawberry（一颗草莓）	flew away（飞走）	so I could see it（这样我就能看到它了）
That girl（那个女孩）	was in a hurry（匆匆忙忙地）	to get to the restaurant（到餐厅）
The teacher（老师）	waits（等着）	so she can go home（这样她就能回家了）
His cat（他的猫）	is sad（很伤心）	because he misses me（因为他很想我）

过渡句、评论句，还是问句

用来承接上下句义的单词或者短语就叫“过渡”。这个概念不太容易理解。在英语的实际运用中，这些用来过渡的单词或短语通常有“for example”（比如说）、“according”（根据）、“for the most part”（在极大程度上）、“in other words”（换句话说）和“as well as”（同样地）。很多成年人都觉得孩子们对句子各成分的辨别能力是与生俱来的，但这不是真的。事实上，在学会分辨意见评论、问句甚至是过渡性短语的过程中，很多孩子都经历了一段艰难的混淆期。

这个小游戏既不需要提前准备任何材料，又能随时随地玩儿，对理解过渡句、问句和评论句实在大有裨益。

技能大提升

- 了解句子的基本构成
- 句子分辨能力

游戏前的准备

告诉所有参与者，在接下来要玩的游戏中，一个人说句子，其他人要判断这个句子表达的是过渡句、评论句还是问句。

所谓评论句，是指句子表达了某个人的观点或者其他与之相关的信息。一般而言，读或说表达评论的句子时，句调是平稳的，不升也不降。如果还是有人不懂，可以请家长举一些评论句的示例来解释。

所谓问句，是用来征询别人观点看法的句子。这种句子一般在句尾呈升调。

所谓过渡句，就是用来将句子中的各个观点信息连接在一起。当我们说“比如说”或者“在我看来”这样的话时，其实就是在使用过渡短语。

怎么玩 “过渡句、评论句，还是问句”游戏

1.现在就可以开始游戏啦！让伙伴们或者家长随便说些什么吧，不管它听上去有多可笑或者多么荒谬，反正说这些话的目的是看你能否听出这句话是过渡句、评论句，还是问句。

2.如果接连着10个句子你都判断正确了，那么就该轮换了。

3.请其他游戏参与者给你指派一种类型的句子（过渡句、评论句或者问句），你的任务是不管他们选择的是哪种类型，都要给出对应的例句。

快，变句型

和经典游戏电话一样，因为这个游戏的最终结果很搞笑，所以玩的人越多也就越有趣。这个游戏非常适合在公园、海滩或者车里玩儿。它不需要提前计划或者准备任何材料，却能让你明白如何将一个字变成一句话。

技能大提升

- 注意力和记忆力
- 解决问题的能力
- 把握字词的能力

怎么玩 “快，变句型”游戏

1.这个游戏的目的是让句子撑得越久越好。第一个游戏参与者说出一个句子，下一位需要变动任意一个词来造出新句。

2.持续下去，直到句子变成全新的，所有字词都被更换过为止；或者直到有人想不出怎么改动句子为止。开始时，第一个句子越长，这个游戏持续的时间也越久。所以，万一你们一个句子玩了很长时间，也不必过于惊讶。

3.确保大家能清楚地知道游戏中禁止使用任何不雅词汇（脏话、歧视语等）或者涉及身体机能等的词汇。如果不事先对这些提出要求，那游戏可能会越玩越偏离初衷。

4.以下是关于游戏玩法的示例：

1号游戏参与者：The girl sat in the chair reading a book.

（女孩坐在椅子上看书。）

2号游戏参与者：The girl sat in the chair reading a menu.

（女孩坐在椅子上看菜单。）

3号游戏参与者：The girl sat in the restaurant reading a menu.

（女孩坐在餐馆里看菜单。）

1号游戏参与者：The cow sat in the restaurant reading a menu.

（一头牛坐在餐馆里看菜单。）

……

单词“东南西北”

“东南西北”给好几代青少年都带来过欢笑和快乐。不过，这个游戏最好有大人的协助。它最困难的地方在于一定要把词语都写在正确的位置。这样，当“东南西北”折叠起来的时候，各个方位就显示在正确的副翼下。

技能大提升

- 常用词或者拼写词辨识能力
- 精细动作能力
- 拼写能力
- 词汇运用能力

游戏所需物品

- 纸
- 铅笔
- 剪刀

怎么玩 “单词‘东南西北’”游戏

1.根据下页插图所示的步骤，折出一个“东南西北”。

2.把折出印痕的纸先平铺开来，这一步非常关键，需要仔细看清楚折痕，把字词写在正确的位置。

3.正如下页图步骤8所显示，你应该能看到纸的中间被折成菱形的区域。在菱形的周围有4个正方形正好分布在纸的四角。还有8个小三角形，一边一个地分布在菱形的各个尖角周围。

4.从最上面的左边第一个三角形数起，顺时针地从1数到8。然后，请你在每个数好数的三角形里写上一个拼读单词。

5.对照下页图步骤9，再看着这张纸，你会注意到这个大菱形其实是一个由4个大三角形组成的正方形。这些三角形的尖角正好在纸的最中央。

6.在最上面的这个大三角形（尖角朝下的这个）里，写：“Use the word in a sentence.”（在句中使用这个单词。）转动纸，让下一个大三角形的尖角朝下。写：“Spell the word with your eyes closed.”（闭着眼睛拼读。）再按上述方式转动纸，写：“Can you name a rhyming word?”（你可以说出一个押韵的词吗？）再转动纸，在最后一个三角形里写：“Define your word.”（给词语下定义。）

7.把纸翻过来，让所有的字都朝下。装饰四角处的正方形，在每个正方形里随机写上一些数字。

8.把这个“东南西北”重新折好，请你把两只手的大拇指和食指分别放进去来操控它。

9.从你写好的数字里选一个玩这个“东南西北”的游戏吧！“东南西北”的玩法

很简单：像张口闭口那样开合，按照选中的数字相应地向前或者向后有节奏地开合即可。

10.把“东南西北”打开，这样就能看到写在里面的单词了。

11.请你选择一个单词，大声说出来，然后用字母拼读它，根据拼读的字母来相应操控“东南西北”。

12.请再选择一个单词，由此查看对应副翼上写好的短语。根据这个短语来决定下一步的指令。

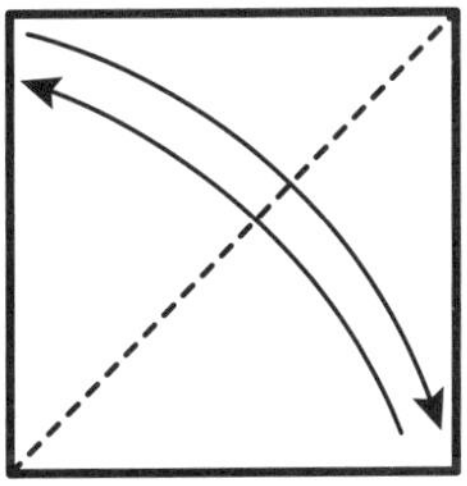
步骤1

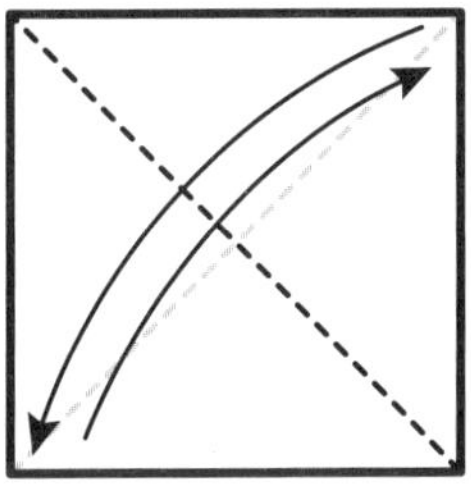
步骤2

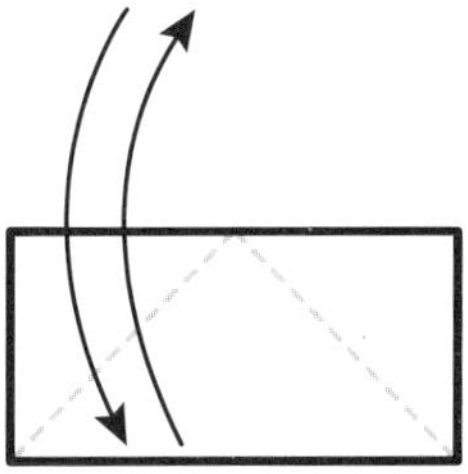
步骤3

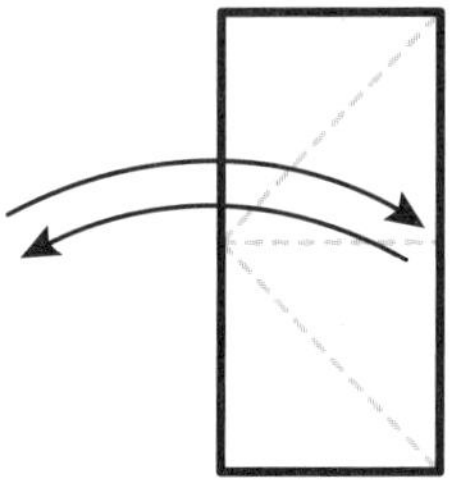
步骤4

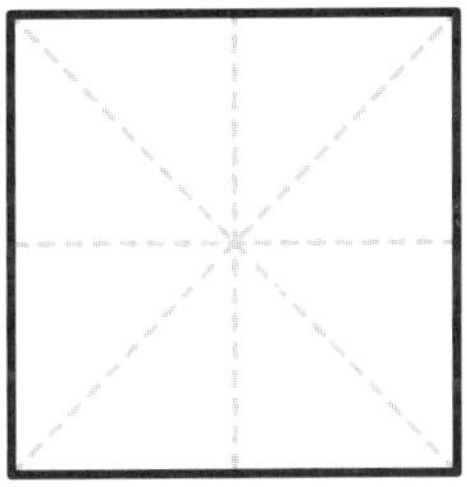
步骤5

步骤6

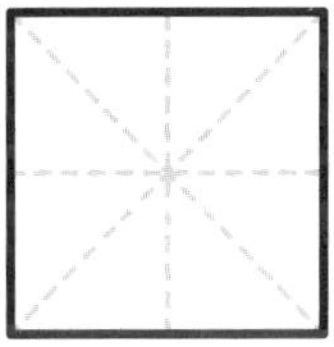
步骤7

步骤8

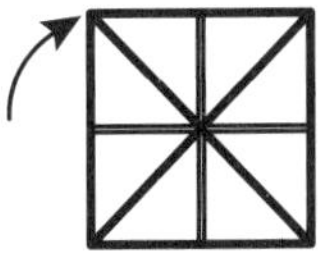
步骤9

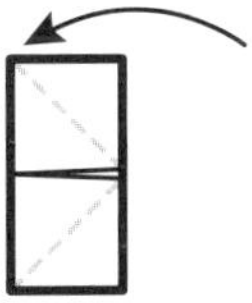
步骤10

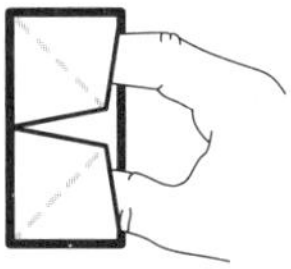
步骤11

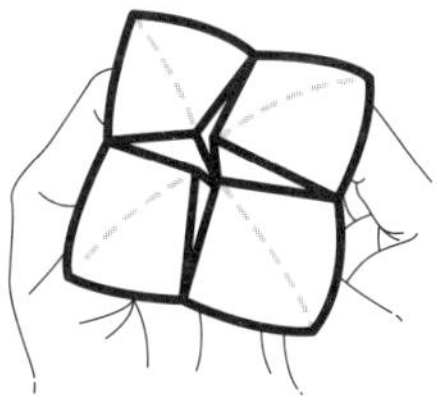
步骤12

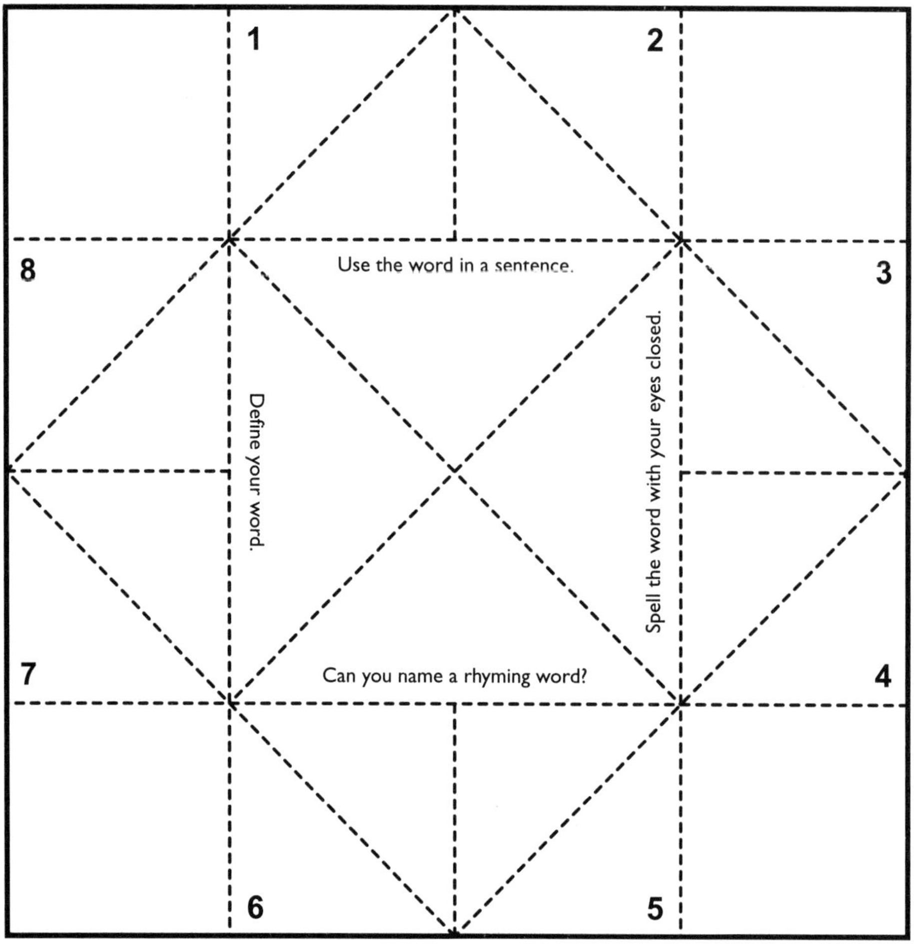
1
2
8
Use the word in a sentence.
3
Define your word.
Spell the word with your eyes closed.
7
Can you name a rhyming word?
4
6
5

CHAPTER 8

讲故事

随着语言运用得越来越熟练，不管是口语还是书面语，亟待提升的重要技能之一就是讲故事的能力。讲故事和写作可不完全是一回事，它是把你培养成为一个作家的关键要素。优秀的故事讲述者既能讲故事也能写故事，他们能够运用丰富的细节在读者脑海中描绘出一幅幅生动形象的画面，激发读者对人物及故事情节的好奇与兴趣。

关于我的图像字符

图像字符就是用图像来讲述故事或者其他内容。用图像字符，可以不用把故事讲出来就能让他人知道故事内容。当你和朋友们在活动中给自己画图的时候，要用图画的形式来描绘你是谁。最后，通过给自画像增加细节，你们还会对彼此有更深入的了解。

技能大提升

- 信息收集能力
- 信息判断能力
- 批判性思维
- 故事讲述能力
- 阅读图例、关键信息的能力

游戏所需物品

- 纸
- 铅笔
- 蜡笔或马克笔

怎么玩 “关于我的图像字符”游戏

1.告诉一起玩的小伙伴，大家将跟随以下这套指引来给自己画一幅自画像。当你们各自画好以后，可以看着对方画好的图画，跟随指引讲一个关于对方的故事。

2.如果你们的阅读能力很强，可以每人分发一张纸，再每人发一张下文所附的《关于我的图像字符的说明》的复印件。如果你们还只是阅读入门者，那么可以让家长把这些说明读给你们听。注意，每次只读一条指引。

3.大家画好图后就相互交换，试着讲讲对方的故事吧。

关于我的图像字符的说明

1.脸形：如果你是个女孩，就画个三角形来表示你的头。如果你是个男孩，就画个正方形的头。

2.眼睛：如果你早上喜欢早起，就给自己画一个大大的眼睛。如果你喜欢晚睡，那就给自己画个小眼睛。给眼睛涂上和你真实的眼睛一样的颜色。如果你戴眼镜，那也画上一副眼镜吧。

3.眼睫毛：画上和你兄弟姐妹数量一样多的睫毛吧。比如，如果你有两个姐妹还有一个哥哥，那么每只眼睛上都应该画上三根睫毛。如果你是独生子，那就一根睫毛都不要画。

4.眉毛：如果相较于室内，你更喜欢在室外玩儿，那就给自己画上半圆的（弧形的）眉毛。如果你最喜欢在室内玩儿，就给自己画上三角形（有眉峰的）眉毛。

5.鼻子：如果你养了宠物，那就画一个三角形的鼻子。如果没有养宠物，就画一个正方形的鼻子。

6.嘴巴：如果今天过得很开心，就画一个微笑着的红嘴巴。如果今天不开心，就画一个嘟着嘴的红嘴巴。如果不知道今天会过得怎么样，那就画一条红色的直线来表示嘴巴吧。

7.耳朵：如果你最喜欢的是巧克力冰激凌，那就画一对圆耳朵。如果你更喜欢别的口味的冰激凌，那就画一对尖耳朵。

8.头发：你几岁就画几缕头发。至于爸爸妈妈的年龄，如果想把游戏简化一些，可以按5年或10年画一缕。如果你是卷发，就把头发画成螺旋形。如果是直发，则画成直线。

9.衬衫：画一件衬衫，并且给它涂上你最喜欢的颜色。想一想你是几月出生的，然后根据你出生的月份，在衬衫上画出相应颗数的纽扣。比如，如果你是1月出生的，那就在衬衫上画1颗纽扣；如果你是5月出生的，那就应该画5颗纽扣。

10.裤子：画一条裤子，如果你是家里的长子（女），就把裤子涂成绿色。如果你是年龄居中的孩子，就把裤子涂成蓝色。如果你是家中最小的孩子，就把裤子涂成棕色。如果你是家里的独生子（女），就把裤子涂成红色。

11.脚：如果你最爱的是春天，就画上一双鞋。如果你最爱的是夏天，就画成光脚丫。如果你最爱的是秋天，就画一双拖鞋。如果你最爱的是冬天，就画一双靴子。

12.配饰：如果有耳洞的话，就给自己画上耳环吧。

漫画大排序

给漫画排序是一种很有条理的练习方式，能让你通过正确排列故事顺序来完整讲述故事。这个排序活动，既可以按照画家的意图来讲故事，也可以按照自己的喜好来重新编排。

技能大提升

- 排序能力
- 批判性思维
- 故事讲述能力

游戏所需物品

- 报刊上登载的连环漫画（或者可从在线资源下载、打印）
- 信封
- 剪刀
- 胶棒
- 白纸

怎么玩 “漫画大排序”游戏

1.打印或者剪下一些简单的连环漫画。尽量找那些故事情节是通过对话呈现，或者很容易经由画面推断出来的。

2.将漫画分格剪成一个个的方块图，然后放入信封中。

3.请你从信封中随机取出方块图，以画面或者对话内容作为提示信息来给这些图画正确排序，用胶棒将它们贴在白纸上。

4.在把漫画按照顺序重新排好以后，就可以用自己的话来看图讲故事了。注意，如果你还是阅读初学者，那么可能没办法将它们重新还原成本来的顺序。但只要你能够按照你所排的顺序根据图片信息讲出合理的故事就可以了，没有必要完全按照原作来讲故事。

故事石头汤

这个游戏综合了一次大自然中的散步、一次特别的手工制作，还有一个经典故事《石头汤》的梗概，为你呈现了一种提高讲故事能力的创意方式。由于在活动开始前你就得收集并制作自己的故事石头，所以需要一段准备时间。一旦石头收集、制作完成，你就能随时随地地用它们“烹”出一锅鲜香有趣的“汤品”了。

技能大提升

- 排序能力
- 批判性思维
- 故事讲述能力
- 环保意识

游戏所需物品

- 旧杂志、画册或者海报
- 收集表面平整的、中等大小的石头
- 大平底锅
- 水
- 纸巾
- 胶枪
- 剪刀

游戏前的准备

1.去大自然中散散步，找一些适合的石头来“烹饪”你的故事石头汤。出门时记得带上一个罐子，用来装找到的石头。你要找的石头是你能够一手握住的，并且至少有一面是平坦的。你一共需要收集10～20块石头。

2.把石头装在罐子里，倒入水。用手在罐子里刷洗这些石头直到大部分的泥土和脏东西都被洗净为止。倒出罐子里的水，把石头放在纸巾上擦拭、晾干。

3.晾干石头的同时，可以翻阅报刊或者剪贴画、海报等，找到动物、物品以及环境等的图片。

4.沿着图片的边缘轮廓将它们剪下来。也就是说，当你把图片贴在石头上的时候，图片上不该留有太多无关的背景画面。每块石头上应当只留有它所代表物品的图片。比如，如果你剪下来的是一只海龟，那么这张贴在石头上的图片中应该只有海龟的图像，而不要留有海水、沙滩等背景或其他什么东西。

5.当石头都晾干以后，用胶枪把图片贴在石头上。注意，胶枪必须由大人握住并操作。刚涂上的胶本身很热，所以在它们凉下来之前，一定不要碰触或者靠近这些石头。

怎么玩 “故事石头汤”游戏

1.游戏开始之前，大家可以一起重温《石头汤》的故事，一定要对小伙伴们重申，故事里每个熬汤的角色都往汤里添加了自己的原料，从而让汤变得更加美味。

2.给每位小伙伴分发一些石头，并且告诉大家，每块石头都会给即将讲述的故事添加独特的“味道”。请第一位游戏参与者选择一块石头，并根据石头上的图片来讲述故事。比如，他挑选的石头上有一只海龟，那么这个故事的开始可以是：“Once upon a time, there was a turtle ...”（从前，有一只海龟……）

3.当讲故事的游戏参与者开始变得支支吾吾，不知该如何把故事讲下去，或是需要一些帮助的时候，他可以再选一块石头来给故事增加一些新元素。一旦他拿起了新的石头，之前的那块石头就要放到烹饪锅里。在他的故事结束的时候，所有与故事相关的元素都应该放在烹饪锅里了。

4.把锅中的石头都取出来，把它们给下一位游戏参与者，看看他能不能用相同的“食材”烹出一锅不同的故事。

CHAPTER 9

创意写作

一旦你成为一名专注的故事讲述者，很大程度上，你也正在成为一名专注的创意写作者。对你来说，创意写作可能会比其他类型的写作更困难一点儿。因为这些故事不是源自真实发生的生活经历，而是依靠想象创作出来的。你开始创意写作的过程中，时常需要很多鼓励来慢慢学会给故事或人物增添细节。本章设置的这些游戏能让你在鼓励中慢慢学会创意写作。如果你具备丰富的想象力，足以让你讲出特别精彩的故事，却仍对创意写作感到力不从心，那么，问题可能就出在提起笔写字这件事情上。毕竟有些孩子的精细动作能力或者组织规划能力的发展和其他同龄人不太同步，造成用书面形式表达想法时出现了一定的困难。如果你觉得自己也存在书写困难，可以用给家长讲述或者电脑打字的方式来消除这个阻碍。

幸与不幸

有些人觉得这个游戏更适合用作故事讲述，但它同时也可以锻炼创意写作方面的能力。“幸与不幸”这个游戏最棒的地方在于，它比很多游戏都更能训练你思考问题的反应速度，从而减轻因创作故事脉络而产生的写作压力。

技能大提升

- 故事叙述能力
- 创意思维
- 情境思维
- 词汇积累

游戏所需物品

- 纸和铅笔，或者装有WORD软件的电脑

怎么玩“幸与不幸”游戏

1.现在你将和伙伴们一起写一个一波三折、跌宕起伏的冒险故事。创作开始之前，得先确保每个人都明白“fortunately”（幸运的是）和“unfortunately”（不幸的是）的意思。如果有人不明白，你可以这样给他们解释：“‘幸运的是’是一个过渡语，用来引出一些幸运的或好的事情；‘不幸的是’则是用来引出一些即将发生的不幸的或者不太好的事情的过渡语。”

2.你们得知道，在这个故事里，当角色遇到一些幸运的事情以后，随之而来的就是不幸之事的发生。

3.大家一起来构思主角的性格形象吧。每个人都说一些主角的外貌形象以及个性品格等方面的信息。这样一来，每个人都能对即将创作的这个人物有所了解。

4.在纸上或者用电脑写下故事的第一句话，这个句子应该是关于这个人物的一个事实描述。请将你们写下的句子大声读出来，然后把纸（或者键盘）递给下一位游戏参与者，他必须用“不幸的是”作为开头来继续创作故事。

5.再下一位游戏参与者必须顺着句子的意思，用“幸运的是”作为开头继续编写故事。继续下去直到故事完结或者大家都再无故事可写为止。你们写的故事开头可能是这样的：

One day Henry bought a red balloon. Unfortunately, it was a very windy day and the balloon blew away. Fortunately, it got stuck in a nearby tree. Unfortunately, Henry was afraid to climb trees. Fortunately, his friend was right nearby.

中文意思为：一天，亨利买了一只红色的气球。不幸的是，这天刮着大风，气球被风吹走了。幸运的是，这只气球被附近的树卡住了。不幸的是，亨利特别害怕爬树。幸运的是，他的好朋友就在附近。

游戏拓展

你可以试着挑战以自己的一天为原型写一则幸与不幸的故事。

个性塑造：他的故事是什么

当你看到“个性塑造”这个词的时候，你可能不由自主地想到这个游戏的目的可能是将你培养成为更加敏感、更加富有同情心的人。当然，这的确是个性塑造的一种，但是在创意写作中，还有另外一种个性塑造——文学层面的个性塑造。这个游戏非常有趣，因为它不仅让你有机会成为侦探，而且还让你有机会观察他人——这种行为可不是总能被鼓励的。

很多孩子分不清不露声色地观察他人和直勾勾盯着人看的区别。所以在游戏之前，得让参与游戏的人明白，为了更好地塑造故事中的角色，大家在观察别人的时候，短暂地看上一眼，大致了解他们的穿着、走路的姿态，或者通过简单的交谈来了解更多信息是完全可以的。但是，如果直勾勾地盯着人看，这会让大多数人感到非常不舒服。

技能大提升

- 观察能力
- 角色塑造能力

- 情境思维
- 故事讲述
- 数据收集

游戏所需物品

- 铅笔
- 小笔记本、速写板或纸

游戏前的准备

1.在发现之旅开始之前，请让所有人都明确知道今天出行的目的是找到至少一个可以用来编写有趣故事的人。你们将一起去一个各色人等聚集的地方（比如公园或者商场），然后在那里找到一个观察点，坐在那里观察、记录一些你们都看到的人的信息。

2.要记录的信息包括这个人的长相，他穿着什么，和谁在一起，手里拿着什么，以及其他任何有趣的事情。但要注意的是，这时你们不能和自己观察的人有任何接触，而是需要靠自己的想象力来完成以这个人为原型的故事创作。

怎么玩 “个性塑造：他的故事是什么”游戏

1.带上两本笔记本和几支铅笔去公园或者商场。确定一个时间段，和家长一起找个地方坐15～45分钟。注意，时间的长短取决于你注意力持续时间的长短。在这段时间内，你和家长分别对你们周围的人进行观察并做好记录。

2.浏览你们各自写下的观察记录，看看你们有没有观察到同一个人。这个过程非常有意思，尤其当一个人注意到这个人的某些事情，而另外一个人却忽略了的时候。

3.每个人都要从中选出一个最有趣的被观察者，然后将自己所做的记录作为整个人物形象的背景信息。现在，就到了让你的想象力马力全开地运转的时刻啦！记住，在故事里根本没有什么对与错。依照你已经观察到的信息，你可以参考以下问题，写下更多的信息：

- 这个人物形象的基本信息有哪些？他叫什么名字？做什么工作？他还有其他家

人吗？关于他，还有其他什么信息是读者需要了解的呢？

- 你所写的这个人，他所面临的或者急需解决的最大问题是什么？
- 这个人身上有哪些品格是可以帮他解决这些问题的，又有哪些会阻碍他解决问题？比如，他会不会总是要做一些对自身极具挑战性的事情，但自身却总是笨手笨脚的？
- 在未来的日子里，这个人周围的恶棍、盟友以及导师是会帮助他，还是会阻碍他？

4.当你们各自都整理好这个人物形象的梗概以后，就读给彼此听一听。听完以后，你们可以先将这个人的基本描述放一边，改天再写。不过，如果你特别有兴致，也可以立刻就行动起来，即刻就用它们来编写故事。

游戏拓展

请你根据自己的观察再塑造另一个人的形象性格，然后，将这个人和先前创作的人物关联起来。他们之间会产生什么关联呢？其中一个会不会是另外一个人的宿敌呢？

通缉令

创作一份通缉令是一种既充满想象力又特别有趣的游戏，让你能够站在读者的角度来思考、创作。不管你创作的这个海报描绘的是自己的兄弟姐妹、怪物，还是其他不同类型的角色，你都需要综合运用一些生动形象的描述技巧、刚刚萌芽的艺术写作手法等，把被通缉的人和他犯下的所谓罪行尽可能明确地进行说明。

技能大提升

- 形象塑造
- 情境思维
- 叙述能力
- 想象力

游戏所需物品

- 笔记本或者便笺
- 卡纸或者海报板
- 马克笔或者彩色铅笔
- 剪刀
- 胶水
- 尺子

游戏前的准备

1.选定一个虚构的主角，取材可以源自朋友、兄弟姐妹，甚至传说中的生物和编造的怪兽。在笔记本或者便笺上写下他的名字，如果他还有其他小名或者绰号，也要写下来。

2.如果你打算创作的通缉令是关于传说生物或者怪兽的，那么你还得给它画一幅素描图。在你收集细节信息的时候，这幅素描图会起到很大的参考作用。如果你打算给一个朋友或者某个兄弟姐妹创作一份通缉令，也可以找来他的照片作为参考。这样一来，就获取了有关他的外貌等相关的信息。准备好以后，就可以参考以下问题，将答案一一记录下来：

- 你通缉的人犯了什么罪行？或者他被通缉的原因是什么？
- 通缉犯有多高？体重多重？
- 如果通缉的是一只怪兽、某种生物，或是故事书里的某种非人类角色，请描述它的皮肤。它的皮肤表面是鳞，还是毛皮？它的皮肤有什么独特的颜色或者特别的纹理吗？
- 通缉犯是什么装扮？着装上有什么特别的地方吗？
- 这个通缉犯有什么伪装术吗？如果有，他最可能伪装成什么样子？
- 如果通缉的是一只怪兽、某种生物或是故事书里的某种非人类角色，它属于哪种生物呢？

- 你所描述的这个通缉犯到其他地方去时一般是怎么去的？乘坐大巴、小汽车，走路，或者自己飞？
- 通缉犯讲哪种语言？
- 你描述的这个通缉犯有什么特别之处或者有某些可辨别的标记吗？比如，文身、伤疤或者胎记等。
- 这个通缉犯喜欢躲在哪里？
- 这个通缉犯有什么弱点吗？比如，就像超人遇到氪星石就会变弱一样，或者你描述的这个通缉犯可能很容易被巧克力诱惑。
- 有什么办法能够抓住通辑犯又不让他受伤吗？或者有没有一些特别的陷阱设置是你比较推荐的呢？
- 这次通缉行动有什么悬赏吗？
- 如果有人发现了你通缉的这个人物，人们应该怎么联系你？

3.参考你对以上问题的答案记录，试着写几个段落来描述这个角色，多用一些描绘动作词语能更好地吸引读者的注意力。温馨提示：为了吸引读者的注意力，每段有关其外貌、性格等特征的介绍最好有不同的侧重点。比如，你可以用一个段落来描述这个角色的外貌特点，一段写他的罪行，一段介绍他惯常的出行方式及弱点，再有一段介绍可行的逮捕方式的相关信息等。

4.剪下各个段落，将它们分别贴在通缉令上。

怎么玩 “通缉令”游戏

1.在大张卡纸或者海报板的顶部，用大大的字母写下“Wanted”（通缉）这个词。在它的正下方写上通缉者的全名，以及他的小名和绰号。

2.拿一把尺子比着画出可以容下嫌疑犯（人或生物）画像的方框。或者你也可以直接在这个地方贴上你朋友或者兄弟姐妹的照片。

3.请你从以下这些标题中，选出和之前所写说明内容最契合的。比如“Physical Description”（外形描述）、“Looks Like”（外貌）、“Wanted For”（通缉原因）或“Crimes Committed”（所犯罪行）等。请你挑出和各段落内容最契合的标题，并将它们写在海报上，然后把对应的段落贴在标题下方。

寻人启事

这个游戏和“通缉令”游戏很相似，不过它更多地关注记忆力和创新写作之间的关系，而不是想象力与创新写作之间的关系。整个游戏设计得非常轻松愉快，给大家提供了一次检测自己在不知道需要观察他人的情况下，能够记住这个人多少相关信息的机会。

玩这个游戏的氛围应该是轻松愉快的，最好是由年纪略大、能够分清现实和虚构的孩子们来玩。游戏中，如果能以在场的某一位为原型来写这则寻人启事肯定效果会更好。当然，一定要确保所有的小伙伴都明白，其实并没有谁真的走失了。

技能大提升

- 情境思维能力
- 叙述能力
- 观察能力

游戏所需物品

- 笔记本
- 铅笔

怎么玩 “寻人启事”游戏

1.假装家长是警探，你现在要给他打电话汇报失踪人口的情况。时刻记住你只是在玩一个写作游戏，一定要带着愉快的心情哦！看看自己对一个擦肩而过的人能记住多少信息吧。

2.家长以警探的身份，暗自选择在场的一个人作为失踪人口，但不把这个选择告诉其他人。要求全部人离开，只留下你一人单独做笔录。

3.等所有人都离开以后，让家长告诉你，刚刚离开的那些人里哪个人被选为失踪人员。然后，请他参考以下问题来给你做笔录，你要把自己脑海中有关这个人的所有记忆都描述出来。

- 失踪人员有多高？
- 眼睛是什么颜色的？
- 头发是什么颜色的？是短发，还是长发？是卷发，还是直发？
- 戴眼镜吗？
- 你最后一次看到这个人的时候，他穿着什么衣服？
- 你最后一次看到这个人的时候，他在做什么？
- 你觉得这个人有可能到哪里去了？

4.等你回答完这些问题，完成笔录以后，请家长让这个“失踪”人员回到房间里。

5.请你拿自己的答案和真人比对，看看你记住的这些细节中有多少是准确的。

游戏拓展

再见到真人以后，可以再写一份描述文字。对比之前所写的描述，看看二者的差异在哪里。

日记百宝箱

写日记是一个提高写作技能的好方法。“日记百宝箱”游戏则能让写日记这件事情变得更具自我指导意义。有了它，你再也不用为不知道写什么内容而找爸爸妈妈哭诉求助了。每到这种时候，你只需要打开百宝箱，拿出一张提示，就可以轻轻松松地开始写了。

自己在家主动写的日记，写什么内容当然全由你做主，随你喜欢。但学校里要求写的日记却通常有特定主题。有的时候，你要围绕一些句子或者观点来展开写作；有的时候，日记还得包含一些特定的内容，并在此基础上自由发挥。这个“日记百宝箱”游戏能帮你提前练习如何按照提示来写日记，而且还能写得十分轻松愉快，毫无时限或者评分的压力。

技能大提升

- 按提示要点写作
- 书面表达能力
- 语法和拼写能力
- 练字
- 表达“声音”

游戏所需物品

- 广口、有盖子的罐子
- 贴纸、纸、马克笔、胶带以及一些装饰材料等
- 彩纸
- 日记提示（参考下文列举的建议）
- 作文本或者日记本

怎么玩 “日记百宝箱”游戏

1.确保罐子是干净且干爽的。依你喜好来给它装扮一下。装扮好了以后，就用这个罐子来装日记提示吧。

2.将下面列举的这些提示打印在一张纸上，再逐一剪成单独的纸条。为了让它们看上去更具吸引力，在你将它们分别对折、放入罐内之前，可以先把这些纸条贴在彩色的卡纸或者色彩丰富的剪贴画纸上。关于提示语的建议列举如下：

- 假装你遇见了一个从来没吃过地球食物的外星人。请你向他描述你最喜欢的食物。记住，描述要具体，包括这些食物看起来是什么样子的，用什么东西做成的，吃起来味道如何等细节。
- 你最好的朋友是谁？是什么原因让他成为一个称职的好朋友的？
- 如果你一觉醒来发现自己获得了超能力，你最希望这种超能力是什么？为什么呢？
- 你觉得自己在别人眼中是一个怎样的人？说说你的长相还有个性吧。
- 如果你有一次回到过去、改变已经发生的一件事情的机会，你会改变什么事情？打算如何做到它？

- 写一写你喜欢的乐队或者歌曲。它们最吸引你的地方是什么？
- 描述你最生气的那一次到底发生了什么事情。
- 对家里的每个成员，请你分别列举出5件让你很喜欢的事情。
- 对家里的每个成员，请你分别列举出5件让你很烦恼的事情。
- 描述你最喜欢在假期做什么。
- 你觉得和谁交谈最舒服？为什么？
- 你最疯狂的梦想是什么？请具体描述。
- 如果电脑和电视从这个世界上彻底消失的话，你觉得会发生哪些变化？
- 你的朋友打算做一件你并不赞同的事情，你会怎么做？
- 你的生活会因为什么而发生改变？
- 你中了彩票大奖，但是这笔钱却一点儿也不能用在自己身上，你打算怎么处理这笔钱呢？
- 讲述曾让你感到特别自豪的一次经历。
- 讲述一件你曾做过的、让你感到很糟糕的往事。
- 什么事情能让你产生嫉妒的情绪呢？你觉得其他孩子曾嫉妒过你吗？
- 请描述你房间的样子。
- 如果你看到自己的同学或者朋友被人欺负，你会怎么做？
- 描述你生活中最美好的一天。
- 再过10年，我会成为……
- 请描述你经历过的那些让你感到似曾相识的场景。
- 请列举出一份你打算在明年完成的目标清单，并写明你打算如何实现它们。

3.如果你不想错过未来每一天打开罐子看到未知提示的惊喜感，那么，可以让家长独自帮你准备这些提示。不过，不管你选择怎么创作它们，最好是让罐子内的提示至少能保证1个月的日记需求。

4.你有铅笔、日记本，还有这个日记百宝箱，还在等什么呢？尽情享受这每天一次的日记时光吧！以你手，写你思。

CHAPTER 10

不同文体的写作

你可能很享受写故事，不过写作这种能力可不仅仅限于讲故事而已。等你慢慢长大了，就会接触到更多不同的文体：议论文、说明文，还有记叙文等。每一种文体特点各异，应了解它们的特点有哪些。

说服我

在三四年级的时候，你就将接触到一种相对复杂的文体类型，那就是议论文。如果你本来就很喜欢辩论或者争论，那么这种文体就甚合你意啦！

本质上来说，议论文是书面形式的辩论。一篇议论文要对某一问题提出自己的立场和看法，并解释持有这种立场和看法的原因，同时需要运用事实论据或者数据信息来说服读者同意文中的观点。因为它需要严密的逻辑关系，如果你不是天生的演说家或者辩论家，那么就需要接受一定训练来掌握这种说服技能。这个游戏就是能达到训练目的的相对轻松的练习方式。

技能大提升

- 议论文写作技能
- 调查能力
- 分析推理能力
- 谈判技巧

游戏所需物品

- 纸和铅笔，或者装有WORD软件的电脑
- 有明显正反两方意见的日常生活问题

怎么玩 “说服我”游戏

1.你知道说服某人确信某事是什么意思吗？如果不是很清楚，不妨想想自己有没有曾试图改变爸爸妈妈的某些想法。比如，想增加点儿零花钱的时候，有没有试着说服他们这样做呢。你说服爸爸妈妈多给点儿零花钱的过程其实就是在说服或者影响他人用特定的方式去思考。

2.进行头脑风暴，想想有哪些词汇或短语能把论据表现得更具说服力。将它们逐一写下来，留作将来参考，或可参考下文的建议表格。

3.和家长一起讨论一个日常生活中你们比较有分歧的问题。为了让这个游戏看上去

比较像一份正式的学校作业，最好选择一些轻松的话题，比如有关零用钱、整理床铺、吃含糖麦片等方面的话题。

4.选择一个话题，然后和家长协商好，如果你写出的议论文能够说服他改变想法，那他就得改变之前的立场，支持你的想法。你的文章里一定要包含自己的想法（你认为该怎么做），还有支撑这些想法的说服策略。这些策略包括：

- 权威：引用那些支持你观点的“专家”的名字。比如：“Dad agrees that...”（“爸爸很赞成……”）
- 悲情：用富有感情的语言来触动读者的心弦。比如：“Without a larger allowance, I'm unable to do the same things that my friends do.”（“零用钱再不涨点儿的话，我就没法儿和朋友们一块玩儿了。”）
- 理性和研究：用数据、研究结果、例证和逻辑分析来支持你的立场看法。比如：“As this chart shows, research indicates that kids my age have an average allowance of ...”（“正如这张数据图显示的，研究表明与我同龄的儿童的平均零用钱的数额是……”）
- 精神理念：用一些语言来表明自己是值得信任的人。比如：“As you know, I've always been willing to ...”（“正如你所知，我一直都愿意……”）
- 时不我待：营造一种时机的紧迫感。比如：“If we don't change this now, then ...”（“如果我们现在还不做出改变，那么……”）

5.将文章给家长阅读并评阅。和他们一起讨论，看文章中哪些内容具有较强的说服力，哪些还存在不足。如果家长还没有被你的文章说服，就请他们给你提出一些修改意见，你根据这些意见再一次修改文章。如果成功说服他们，就可以改变他们之前的想法，让他们同意你的意见啦。毕竟在游戏开始之前，你们就已经达成协议了。不过，你的想法也不能太“过度”，为了增加成功率，最好在所谈的问题上增添一定的期限或者条件。比如，如果你想说服他们同意你不用整理床铺，与其争论永远不用整理，不如改成可以1个月不用整理。

可用在议论文中的英语词汇和短语

I am certain that ...（我很确定……）	Surely you can see ...（从中你一定能看出……）	What we need to do ...（我们需要做的是……）
Think about ...（试想想……）	I am writing to you in order to ...（我写这篇文章给你是为了……）	On the other hand ...（另一方面……）
It has been brought to my attention ...（有这样一件事情引起了我的注意……）	If you proceed with ...（如果你继续……）	Nevertheless ...（总而言之……）
Obviously...（很明显……）	Certainly ...（毫无疑问……）	Regardless ...（无论如何……）
If this were to happen, then ...（如果这种情况真的发生了，那么……）	We can fix this by ...（为解决这个问题，我们可以……）	It may seem as though ...（尽管它看上去……）

用文字作画

尽管描述性文字在故事的写作中扮演着很重要的角色，它本身也是写作的一种专有文体。事实上，这种文体很大程度上像是在用文字作画。一个好的描写片段会用细节、生动的文字来描绘人物、地点、事件或者观点的方方面面。“用文字作画”游戏就是一个既便于操作又能让你提高细节描写的小活动。

技能大提升

- 描述性写作技能
- 细节描写

游戏所需物品

- 铅笔和纸
- 计时器

怎么玩 “用文字作画”游戏

1.和家长一起玩这个游戏吧！告诉他，你们要分别描写一个自己的心爱之物。可以是食物、地方、人物或者其他任何喜欢的东西，唯一的要求是写的时候不要告诉对方自己写的是什么。

2.写完以后，两人要相互交换，通过阅读对方所写的文字，说出他用文字“画”的图画是什么。要尽量多地运用细节描写，这样线索才够充足。

3.写作时间为10分钟，时间到后大家相互交换，猜猜各自“画”的是什么。

游戏拓展

如果你觉得用文字作画实在太难，也可以先从简单一点儿的做起。让家长带你出去散散步或者一起看看报纸杂志。你可以从你看到的事物中选择一种想写的，并试着用文字描绘你所看到的、闻到的和感受到的（身体和心灵两方面的感受）。

教会外星人

和描述性写作不一样，说明文并不要求很多细节描写，而是要求真实、简明、扼要。字典词条、相似对比、用法说明以及使用说明书等都属于这种文体。练习说明文写作的最佳方法是从日常活动中挑选一种来写一则“怎么做”的说明，看看指引步骤能否写得清晰易懂。这里的日常活动是指人们为独立生活而必须每天反复进行的自我照顾的基本动作和技巧，包括穿衣、刷牙或者整理床铺等。你可以根据自己目前已掌握的技能情况来选择写作对象。如果你自己还没有学会系鞋带，那么，你肯定无法写出指导别人如何系鞋带的说明。

技能大提升

- 说明文写作技能
- 排序能力
- 自理能力

游戏所需物品

- 纸和笔

怎么玩 “教会外星人”游戏

1.回想日常生活中都要做哪些事情来照顾自己，请把你能独立完成的事情一一列举下来。

2.假装你要教外星人做其中一件事情，他听不懂地球上的语言，但可以读懂地球上的所有文字。所以只要你能把说明写下来，他就能看懂。注意，外星人只会严格按照你所写的去做，所以尽量分步骤地把做法写得清晰明确，便于外星人遵照指引去做。

3.请你挑一种日常活动，用文字来教会外星人该如何做。

4.把写好的步骤说明先拿给家长看看，让他们照着说明做一遍，这样你才能知道给外星人看的话，它们能否真的学会。让家长严格遵照说明所写的去做，不要做任何额外说明。你一定会惊讶地发现，用文字写下如何做某件事情比自己真的去做这件事情要难得多。

汉堡包写作

不管你相不相信，学写一整段要素齐备的文字就和夹汉堡包一样简单。汉堡包写作就是说把段落的各个基本构成要素比作制作汉堡包的各种食材与调味料。做汉堡包最重要的是要有卖相，让人看着就很想吃它。看上去食材越丰富，就让人越有食欲。这就和写一段文字是一样的，信息越丰富，就越能让读者信服。

技能大提升

- 概念组织能力
- 段落写作能力
- 列提纲、抓梗概的能力
- 识别具体细节的能力

游戏所需物品

- 汉堡包的构成分解图
- 铅笔

● 纸

怎么玩 “汉堡包写作”游戏

1.回想汉堡包的样子：做一个汉堡包，最少需要些什么东西？为了让汉堡包更好吃，还可以增添些什么？

2.一个段落其实就和一个汉堡包一样。汉堡包是由3个基本部分组成的：顶端的圆面包、肉饼和底下的圆面包。段落其实也是由3个基本部分组成的：开头语、展开文字，还有结束语。

3.想想看，如果汉堡里再添加些泡菜、生菜、番茄酱和（或）其他一些调味品，它会不会变得更美味（或许你可能觉得不会，但大多数人还是赞同的）。因为汉堡包里的食材越丰富，口味就越丰富，吃起来的味道就越棒。同样，如果段落的内容越丰富，它的可读性就会越强。

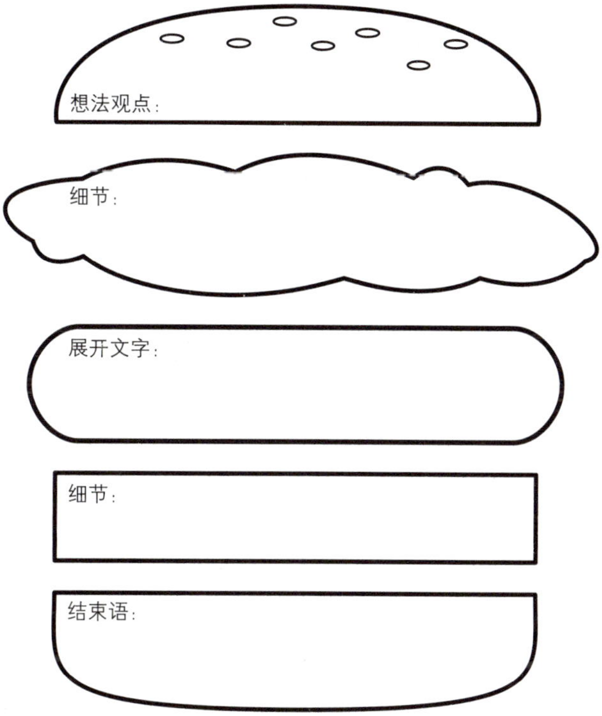

汉堡包写作

4.请你画一幅汉堡包的图画，或者照着上图的汉堡包构成分解图再画一幅也可以。接下来，你就要写一段关于汉堡包的文字了。

5.利用分解图，把你的想法、观点写在最上面的这个开头语圆面包里。开头语应该阐明你的观点或者你认为正确的说法等。比如，你可以这样写：“Hamburgers taste best when they contain more than just a bun and patty.”（“如果汉堡包里不止有面包和肉馅，那它吃起来会更美味。”）

6.在肉馅层写下你的展开文字。这将是你的主要论点，因此必不可少。比如，你可以这样写：“Without condiments, the patty sticks to the bun and makes the hamburger dry and hard to swallow.”（“缺少调味品的话，肉馅就会和面包贴在一

起，让汉堡包干得难以下咽。”）

7.至于如何在分解图中的生菜和芝士层增加具体细节，可以参考以下说明：这些细节描写应当作为支持展开文字而补充的细节存在，并能提供更多信息。就像真的汉堡包那样，你所写的段落既可以有很多层次，也可以只有少量几层。比如，你可以这样写：“Lettuce adds texture.”（生菜能够增加层次。）或者说：“Pickles make the flavor of the meat stand out.”（泡菜能让肉的味道更突出。）

8.请在底下的圆面包上写下你的结束语。这个句子应该将前文的观点和支撑细节进行总结，以点明段落的论点。

9.当汉堡包分解图填写完毕以后，就是时候动手写一整个段落啦。你写好后的段落可能读起来是这样的：

Hamburgers taste best when they have more than just a patty and a bun. Without condiments and vegetables, the patty sticks to the bun and the burger is dry and hard to swallow. Adding lettuce between the bottom bun and the patty adds texture and crunch. Pickles bring out the flavor of the meat, while cheese can serve as a way to make sure that ketchup and mustard don't make the bun too soggy. All in all, a hamburger isn't complete without the condiments and vegetables added to enhance its flavor.

中文意思为：如果汉堡包里不止有面包和肉馅，那它吃起来会更美味。缺少调味品和蔬菜的话，肉馅就会和面包黏在一起，让汉堡包干得难以下咽。若能在底部面包和肉馅之间添加一些生菜，不仅吃起来吱吱作响，而且还增加了汉堡包的层次感。添加一些泡菜的话，能让肉的味道更加鲜美。而且，在中间夹些芝士就能够避免番茄酱或者芥末酱等酱汁浸湿面包。总之，缺少了调味品和蔬菜的汉堡包不是一款口味丰富的美味汉堡包。

你有什么看法

记叙文写作很大程度上就是讲故事，但它又不同于我们之前所写的那些故事：通常是以第一人称或者以个人陈述的方式组织语言。“你有什么看法”的游戏是用所有人从自己的角度讲述一件共同经历的事情的方式来训练记叙文写作的。

技能大提升

- 记叙文写作
- 排序能力
- 记忆力
- 多视角看待问题

游戏所需物品

- 纸和笔

怎么玩 “你有什么看法”游戏

1.召集伙伴们坐在一起，每人分发一份纸笔。一起想一想有哪些事情是大家一起做过的。比如，可以是一起度过的某次假期、一项共同参与的运动，或者其他共同经历的事情等。

2.告诉大家，即便这件事情是所有人一起参与的，每个人还是会有不同的视角或者观点，所以一起听听大家各自视角下的独特故事也是件非常有趣的事情。

3.请每个人依照自己的视角，用第一人称的方式把那天或那件事情记叙下来。注意不要以其他人物形象的视角来展开记叙，而是用“我”作为记叙人，从自我角度讲述，增加一些有益于故事讲述的细节描写。

4.大家都写好以后，就把故事分别读给其他人听。比较大家所写故事的异同，讨论为什么有些事情大家写得都一样，而有些事情却各有不同呢。

游戏拓展

这个游戏稍加修改就能成为了解争吵或者矛盾冲突真相的好途径，尤其当这些冲突发生在兄弟姐妹之间的时候。可以让每个人用第一人称“我”写下他们认为的“真相”，然后比对每个人所写的故事，你就能大致了解事实的经过了。

英文拼写

如果一提到拼写作业或者其他拼写任务，你就感到压力很大，那么，我要告诉你，你真的不是一个人在这样想。没必要花时间和别人争论，也不必纠缠于古老的“大声拼读”方法，除非你要去参加读写大会，否则重要的是会写而不是诵读。所以，你需要掌握的英文拼写能力应该是单词的认读，能够在语境中理解词义，知道每个词语的基本含义。

创意玩转快闪记忆卡

快闪记忆卡可能是学习拼写英文单词的“标配”方法，其实有很多种方式可以让它玩得不那么无聊。以下就是两种可供参考的玩法，任选其一都能让你受益匪浅。

技能大提升

- 常用词、拼读词识别能力
- 词汇记忆
- 词汇常识

游戏所需物品

- 索引卡或者卡片纸
- 铅笔
- 一套马克笔
- 钢笔
- 一台装有英文手写字体（如Comic Sans 12–point font）的电脑

游戏前的准备1：手写的快闪记忆卡

1.请拿出索引卡、铅笔和拼写词汇表，将词汇一词一卡地写在索引卡上。

2.抄写单词的过程能让你对每个单词的手写体有个基本印象。这一步很重要，因为只有亲笔书写每个单词，你才能知道自己写的、书写正确的单词的样子，才能对它们的写法有所记忆，以区别于单词的打印体。

游戏前的准备2：电脑打印的快闪记忆卡

1.正如观察拼写单词的手写体益处多多，观察它们的打印体也是如此。因为你学习单词拼写不单是为了书写单词本身，也是为了在故事或者其他文本中读到它们的时候在语境中了解词义。

2.因为很多英文单词的手写体和打印体在外形上差异较大，所以很有必要在电脑前用类似手写体的字体（Comic Sans 12–point，很多老师认为这是与手写体最相似的打印字体）在电脑上一词一行地打单词，以熟悉单词的字形。

3.请把打好的文档打印在卡纸上，再逐一裁开充当简易的快闪记忆卡。

游戏前的准备3：定义快闪记忆卡

1.做一套快闪记忆卡，既可以用电脑打印，也可以在索引卡上手写。不过，这次写的不是单词，而是它的词义或者例句。

2.注意，写词汇意义的时候不能直接写下这个词本身或者它的任何具有提示意味的词语变化形式。要把词义写得规范并不容易，所以最好放本字典在手边。

3.在这些卡的反面涂上一些小的彩色点或者标注“X”，然后这些词卡就能用来玩记忆拼读词汇的游戏了。

怎么玩 “快闪记忆卡配对”游戏

1.拿出一套写着词汇的快闪记忆卡以及写着对应单词词义的快闪记忆卡来玩这个游戏。将两套卡片混合在一起，再字面朝下地逐一在桌上或者地板上排列成行。

2.一位游戏参与者随意地翻出两张卡，其中一张反面需是做过彩色点记号的，另一张则要求没有做过记号。如果翻出的无标记的写有词汇的词卡和有标记的写有定义的词卡恰好相互匹配，那么这两张词卡都归该游戏参与者所有；如果不匹配，则把它们字面朝下地放回原处。

3.下一位游戏参与者再翻出两张卡，注意一定要留心并且记住前面翻出卡片的内容和位置，尽量做到匹配。

4.等所有的卡片都匹配完毕，拥有卡片最多的游戏参与者获胜。

怎么玩 “描摹快闪记忆卡”游戏

这个游戏其实是经典游戏“用10种形式写词”的一种变形。一遍又一遍地用铅笔、蜡笔或者彩笔等来描摹拼写词汇能够加深你对这些字母书写形状的印象，也能更好地记住各字母在单词中的书写顺序。可以临摹前面制作的各种快闪记忆卡，以增强对上面单词、句子的认知。

游戏拓展

可以用色彩明快的马克笔把词卡上的词汇再描摹一遍，让它变得更有吸引力。描摹完后立刻在反面写出这个单词，再翻转回来前后对比看自己写的单词是否正确。要不了多久，你就可以不假思索地正确书写了。

专属于你的疯狂填词

“疯狂填词”游戏是由莱纳德·斯特恩和罗杰·普莱斯创造的经典游戏。游戏参与者用同一类型的不同单词来替换故事里的原有词汇，到最后通常都会将原本的故事变得十分荒诞。游戏命名源于戏剧词汇“即兴台词”，即演员不是照着台本上的台词来读，而是和“疯狂填词”游戏一样，进行即兴创作。玩这个游戏的目的在于测试你对拼读词汇词性和句子结构的辨识能力。当然，游戏的最后你还能得到一个特别有趣的故事。

技能大提升

- 常用词、拼读词识别能力
- 词汇记忆
- 常见词汇识记
- 句子结构掌握

游戏所需物品

- 有色胶带

怎么玩 “专属于你的疯狂填词”游戏

1.请你找出自己喜欢的绘本、诗歌或者书中的某篇文章。用有色胶带将你想替换的词语贴起来，再从拼写词汇表中挑选出能够替换的词语。注意，这个替换的词语不能是个随便找来的词，而必须与原本词汇的词性保持一致。

2.当文章中所有的词语都被新词替换了以后，请你试着读一读，看看文章变得有多滑稽！然后将有色胶带撕下来，开始新一轮游戏。

3.你可以参考网络资源，如教育在线（www.eduplace.com/tales/）里的搞怪网络故事，试着用你会的拼写词汇表来替换其中的词汇，同样可以创作出属于自己的别具一格的搞怪故事。

游戏拓展

当用新词语替换原词的时候，可以要求当场拼读这个新词语。

再加一个字母

这个游戏只需要一份纸笔，就会感受到无穷的乐趣啦！

技能大提升

- 常用词、拼读词辨识能力
- 词汇记忆
- 常见词汇识记

游戏所需物品

- 纸或者白板
- 铅笔或者白板笔
- 拼写词汇表

怎么玩 “再加一个字母”游戏

1.和伙伴或者家长一起完成拼写词汇表。请你先在纸上写下一个单词的首字母。

2.把纸传给下一人，要他在单词首字母后面写上这个词的下一个字母。

3.再把纸传回给你，你再在后面写上接下来的字母。一直持续下去，直到这个单词拼写完整或者有人写错了字母为止。

4.谨记，因为很多单词的开头都是一样的，所以为免大家写错单词，在游戏开始之前，你们先得说好要写的单词是什么，否则游戏可能进行得就不那么顺利了。

游戏拓展

可以用短信把单词的第一个字母发给朋友，然后让他在这个字母之后加上下一个字母再发给你，轮流添加字母直到单词拼写完成。

词汇拼一拼

这是一个有关字母排序和拼写的趣味游戏。

技能大提升

- 常用词、拼读词辨识能力
- 词汇记忆
- 常见词汇识记

游戏所需物品

- 拼写词汇表
- 笔
- 纸
- 剪刀

怎么玩 “词汇拼一拼”游戏

1.在纸上用大写字母把词汇表的单词写下来。注意，每行只写一个单词，且单词的各个字母间相距约一指宽。写好以后，按行剪成纸条（一次一条）。

2.把这些纸条字面朝上地摆放在桌上，然后按照字母先后顺序将它们排序。

3.排序完成以后，请将这些单词剪成一个个独立的字母，可以按照弧形或锯齿形的形状剪开。

4.把每一行剪好的纸片混着放在一起，请你像拼拼图那样把原本的单词再拼出来。

游戏拓展

可以不将词汇表上的单词逐词剪成字母拼图，而是将整张词汇表剪成类似七巧板的拼图小块。当你能够正确地将这些小块拼在一起后，你对它们的词义及“样子”就有更完整的感知了。

猜字母

猜字母是用来训练拼写单词的经典游戏。

技能大提升

- 常用词、拼读词辨识能力
- 词汇记忆
- 常见词汇识记

游戏所需物品

- 拼写词汇表
- 纸或者白板
- 铅笔或者白板笔

怎么玩“猜字母”游戏

1.请将需要拼写的词汇表一式两份，一份给你，用来提前熟悉这些单词中各字母的位置和顺序；一份给家长，请他从中挑选出一些词汇，画出与这些词的字母数相对应的空格，拿给你来猜猜看，每个空格该填入什么字母，每次填入一个字母。

2.每猜对一个字母，就将字母填写在对应的空格中，如果字母错误，则轮到家长画出小人的一个部分（头、躯干、左手臂、右手臂、左腿、右腿）。游戏中，如果你实在想不出来这个词，可以让家长提示这个词的意思。

3.你的目标就是在家长画出完整的小人之前猜出这个词。词语猜出来后，请你再用它造个句。

拼写词语歌

语言文字和音乐之间有着妙不可言的广泛联系。想一想，有时候你能记得住多年前曾经哼唱过的歌的歌词，却记不住刚才踏入另一间房的原因。音乐可以成为帮助我们将事物进行条理化归类和记忆的好帮手，学习拼写时当然也可借它的东风。

技能大提升

- 常用词、拼读词辨识能力
- 词汇记忆
- 关联文学和艺术

游戏所需物品

- 拼写词汇表

怎么玩 “拼写词语歌”游戏

1.你既可以创作一些无厘头的原创旋律来配合拼写，也可以直接借用童谣音乐来进行游戏，比如《小星星》等。

2.如果你或者家长的音乐素养没有那么高，你们还可以直接将旋律唱出来。运用旋律唱词语，然后唱词语的词义，最后将它拼读出来。过程中，你也可以增加一些拍击声来增强吟唱的旋律感，让节奏更加明显。

带有颗粒感的词汇

带有颗粒感的词汇是个集文学性与艺术性于一体的有趣游戏。

技能大提升

- 常用词、拼读词辨识能力
- 词汇记忆
- 关联文学和艺术

游戏所需物品

- 砂纸和字母模板（如无现成的砂纸字母）
- 铅笔
- 剪刀
- 拼写词汇表
- 白纸
- 蜡笔
- 胶带

怎么玩“带有颗粒感的词汇”游戏

1.可以请家长在商店或通过网络买到砂纸字母，但如果实在买不到，它们制作起来也很简单。拿出一张砂纸，在家长的帮助下，利用铅笔、剪刀和一套现有的普通字母模板来制作你的砂纸字母就可以了。把这些砂纸字母做好以后，请你再拿出拼写词汇表，一些白纸和蜡笔。

2.请你用做好的砂纸字母来拼写一个单词，然后拿出一张白纸放在拼好的模板上。用胶带将纸的位置固定好，然后请你拿起蜡笔在纸上擦涂。你可以用多种颜色的蜡笔来让纸面变得五彩缤纷。在擦涂中你拼好的词就会慢慢在白纸上现身了。现在观察一下，上面的单词是不是颗粒感十足，很有趣呢?

游戏拓展

请你将涂好字的纸按照词汇内容分类。分类依据可以是词义、字母组合模式或者其他标准，只要你能解释其中的规律即可。

闪光凝胶拼写的词汇

我们可以利用以下物品来玩这个游戏：细闪亮片和胶水，或者闪光凝胶。

技能大提升

- 常用词、拼读词辨识能力
- 词汇记忆
- 关联文学和艺术

游戏所需物品

- 纸
- 铅笔
- 拼写词汇表
- 闪光凝胶或者胶水和细闪亮片

怎么玩 “闪光凝胶拼写的词汇”游戏

1.拿出一张厚实的纸，把需要拼写的词用铅笔写上去。然后用闪光凝胶照着铅笔所写的字描摹一遍，或者胶水描摹后再撒上细闪亮片。

2.不管用哪种方式，你都会在描摹每个词汇的动作过程中加深书写印象，对记忆字词的字母组合和提高字迹美观程度大有裨益。等到作品风干以后，你还能得到一份晶晶亮的词汇单。

游戏拓展

不呆板老套地按照一排排或者一列列的格式书写各个词汇，而是将纸随意旋转，把某些词汇写在侧面，或干脆斜着书写它们，可以让这份词汇表看上去更像一朵词汇云。词汇云，有的时候也叫“标签云”或者“权重清单”，是由一系列词汇构成的可视图形。在网络上，词汇云一般用来图解一篇文章的基本概念和关键词等，往往最重要的关键词会比其他词汇写得更大一些。

用积木或者拼图字块来拼词

谈到学习，有的孩子喜欢用朗读的方式，有的喜欢写，有的喜欢听，还有一些喜欢用与艺术相关的方式。大部分孩子在全部感官都被调动起来的时候，学习效果最佳。至于拼写单词的练习，乍一看，你可能觉得它很难调动起全部感官，但事实上用这种方式调动感官远比你想象得容易。

技能大提升

- 常用词、拼读词辨识能力
- 词汇记忆
- 精细动作能力

游戏所需物品

- 拼写词汇表
- 字母积木、字母磁铁或者拼图字块

怎么玩 “用积木或者拼图字块来拼词”游戏

可以用字母积木、字母磁铁或者拼图字块（就像拼字游戏中用过的工具）来拼各个单词。事实上，只要你能够把一个个的字母实物化，就可以用它们来拼这些单词。你还可以用小珠子、干豆子、通心粉，甚至普通的小块积木来完成游戏，只要能够用它拼出单词里的每个字母就可以了。

游戏拓展

除了可以拼写词汇单上的词汇外，还可以加上它们的反义词和同义词。

用身体来拼词

最简单的包含身体运动的学习活动就是用你的身体来拼写单词。你可能没办法将身体扭曲成一个词里每个字母的样子，但你可以试着表现出单词中字母的形状特征。

当你和家长一起研究这份需要用身体拼写的词汇表时，应该会注意到，有些字母比较小，有些字母会向上或向下延展。一起想一想可以把这些字母“译”成怎样的身体姿势。

技能大提升

- 常用词、拼读词辨识能力
- 词汇记忆
- 大动作能力和感觉能力

游戏所需物品

- 拼写词汇表

怎么玩 “用身体来拼词”游戏

1.向上延展的字母可以跳起来表现；小字母就将胳膊向两边伸直；向下延展的字母就蹲下来。

2.以词语“begin”为例，如果用身体来表示的话：“b”可以跳起来；“e”可以将胳膊向两侧伸直，像飞机机翼那样；“g”可以蹲下；“i”“n”可以将胳膊向两侧伸直。

游戏拓展

全家总动员，一起来拼词。让每个人用身体摆出一个字母的样子，轮廓要尽可能相似。比如，如果要摆出“t”这个字母，可以身体站直，将手分别向两侧平举。然后，大家按照词语的字母顺序依次站好，看看能不能用身体拼出这个单词。

食物描摹

这可能是你为数不多的，可以正大光明地玩食物的机会。

技能大提升

- 常用词、拼读词辨识能力
- 词汇记忆
- 精细动作能力和感觉能力

游戏所需物品

- 拼写词汇单
- 食物和器皿

怎么玩“食物描摹”游戏

1.可以用叉子将土豆泥涂成单词的样子，也可以用带有字母形状的谷物来摆单词。

2.如果你真的热衷于此，还可以尝试利用蔬菜来摆拼单词。

游戏拓展

买一瓶挤出式的果酱或者把家中的果酱装入塑料细口瓶中，然后用它拼写单词，午餐时给大家做一份字词三明治。

用剃须膏或者沙来作画

这个游戏充分利用触觉刺激来训练词汇拼写。有些孩子对此游戏十分喜爱，玩得兴致勃勃；但也有些孩子对此非常抗拒。或喜或恶，最终取决于个人是否喜欢这些感觉刺激。

技能大提升

- 常用词、拼读词辨识能力
- 词汇记忆
- 精细动作能力和感觉能力

游戏所需物品

- 拼写词汇表
- 剃须膏
- 沙子
- 洗碟盆或烤盘

怎么玩 “用剃须膏或者沙来作画”游戏

1.用剃须膏来描画拼写单词的话，请先在厨房的操作台上整理出一块空间，再来进行游戏。可以在桌上挤出一大团剃须膏，然后用手将这些剃须膏抚平，用食指在这些剃须膏上写出单词。

2.用沙子描画的方式也是一样，而且室内室外都可以。如果你有一个沙箱，那么可以放松心情，任意在沙箱里书写任何你听到或者被要求拼写的单词。如果你想在室内玩儿，可以往洗碟盆或者烤盘里装一半的沙子，然后像前面说的那样拼写单词就好。

游戏拓展

如果你既找不到沙子也没有沙箱，那可以在户外找一片平整的泥地，只需要一根棍子，就可以在土地上自由涂鸦啦！

看表演猜单词

这个需要自己亲身来演示的游戏非常适合学习拼写词汇。

技能大提升

- 常用词、拼读词辨识能力
- 词汇记忆
- 大动作能力和感觉能力

游戏所需物品

- 拼写词汇表
- 纸
- 盘子

怎么玩 “看表演猜单词”游戏

1.将拼写词汇表分别誊写在纸上，逐张对折，将它们放在盘子里。

2.轮流从盘中抽选出一张纸，然后把纸上的词汇表演出来。

3.有些词语本身就很难表演出来，所以你可能需要在表演前提供一些口头提示，比如说出即将表演的这个词的同义词或者反义词。

游戏拓展

可以不把词汇写好放在盘子里，而是每人分发一张拼写词汇表的复印件，然后从中自由选择词汇来表演。其他人也可以对照词汇表把已经表演的词汇做上标记，这样能够降低猜词的难度。

词汇寻宝

这个游戏有多种不同的玩法，而且还能为你创造与平面媒体亲密接触的好机会。

技能大提升

- 常用词、拼读词辨识能力
- 词汇记忆
- 精细动作能力和感觉能力

游戏所需物品

- 拼写词汇表
- 书
- 铅笔
- 纸
- 旧杂志或者报纸

怎么玩 “书籍词汇大搜查”游戏

1.给每位游戏参与者分发一份拼写词汇表、一本书、一支铅笔和一张纸。

2.在5分钟时间内，每位游戏参与者要依照词汇表上列举的单词，迅速在书中找到这些词，并在纸上记下这些词以及它们出现在书中的页码。

3.第一个完成并且通过验证的游戏参与者获胜。

怎么玩 “裁剪与拼写”游戏

在旧报刊上找到拼写词汇表所列举的词语并将它们剪下来。对同一词汇如果能多次找到并剪下可以给予额外奖励。

怎么玩 “圈出报刊上的词汇”游戏

在今天的报刊上，给每位游戏参与者划定一个区域。计时3分钟，看大家能在各自区域内找到多少个拼写词汇表上的单词。

游戏拓展

在家长的车上或者包里也放一份拼写词汇表的复印件，这样在外出时你就可以留心观察，看能否在商场或者广告商标上找到这些词汇。

CHAPTER 12

生活中的数学

孩子们对学数学抱怨最多的大概就是，生活中又用不到数学，为什么还要学？猛然一听，好像说得有点儿道理，但其实，不管是大人还是孩子，在日常生活中的每一天都无法避免地在使用着数学知识。告诉你这个事实，并不是为了反驳你对数学的抱怨，只是想让你明白，数学对我们的生活而言多么重要！一些你在日常生活中每天都会做的事情，其实都是在使用数学。例如，告诉别人现在几点，摆碗碟，数零用钱，买东西和找零钱，整理和归类玩具，玩棋盘游戏，逛街时对比价格，根据食谱上的食材分量准备食物，玩积木，填写每日的作息表等。

预算和愿望清单

当你在电视上看到新的广告或者在商店看到什么很炫酷的东西时，是不是也曾多次对爸爸妈妈要求说："我想要这个！"还数得清说过多少次这样的话吗？如果把所有你曾经想要的东西都买下来，会是一笔不小的金额吧！你是不是从来都没有意识到这些？不如按照游戏规则，试着把自己的愿望记录下来，然后通过合理的预算将它们一一实现吧。这不仅是简单地让数学融入你的生活，还能帮你培养受益终身的理财意识呢！

技能大提升

- 预算能力
- 评估能力
- 凑整能力
- 数学运算能力

游戏所需物品

- 纸和笔
- 一台能上网的电脑
- 游戏币（非必要）
- 商品目录及特价宣传单
- 计算器

怎么玩 "预算和愿望清单"游戏

1.列出你的愿望清单：写下所有你想买的东西，在每个商品名称的旁边留一些空白，方便之后填上它们的价格。写好之后，让家长帮你一起上网查询，看看每件商品的价格是多少，然后将它们也记在清单上。

2.虽然是游戏，但也要根据游戏币的数量做一份真的预算。请拿出准备好的游戏币。当然，游戏币的数额不能太大，金额应当只够你买清单上的一部分商品，绝对不能多到可以毫无压力地买下全部商品。如果你年纪还小，用游戏币会让你在游戏中有更好的体验，但不一定非要使用游戏币。

3.货比三家。当你在商店里看到自己心仪的商品之后，是不是想立刻就买下来？但请你等一等。要知道，同样的商品在不同的商店里价格可是不一样的！先冷静一下，你可以再在网上搜寻其他店，多比较看看，就会发现同款商品的价格确实存在差异。

4.计算运费。网上商品最让人为难的地方往往在于有时候商品本身虽无可挑剔，价格也合理，但是运费却比商品的价格还要贵。所以，学会计算运费对网上购物来说也是一项重要技能。你可以让家长帮助你把心仪商品先放入购物车，然后请你拿出计算器，算算运费是多少，这些金额加上商品的价格才是你应当支付的总额。

5.购买最划算的。经过货比三家和计算运费之后，你应该能明确地知道在哪家商店买东西是最划算的了吧。那么，就选择价格、运费等加起来最划算的那家商店购买吧！既然是游戏，你当然不用真的下单。请你再列一份确认购买清单，把你打算买下的东西列下来，记下你花掉的金额（游戏币）。

6.练习凑整。想要计算清单上的总价，有的时候并不那么容易，尤其当单价是12.99或者20.05的时候。一个比较简单的办法就是四舍五入地凑整数。也就是说，当小数点之后的数字大于等于5的时候，我们在小数点之前加上1，凑成整数；当小数点之后的数字小于等于4的时候，我们为了凑整数，可以将它先舍去。这样一来，再去计算金额就会便捷得多啦。你也发现了对吧，这个步骤的主要目的就是让你记住：我们凑整的办法通常是四舍五入。

7.计算账目底线。现在你的清单上已经有很多信息了，该是时候清算一下账目上想买的各个商品以及购买这些商品所花费的总额啦。计算的过程中，你可以使用计算器。但要提醒你的是，在用计算器的时候，只有在输入的金额和运算符号完全正确的情况下，计算器算出的数字才会是准确的。如果你不太有信心能完全独立、正确地使用计算器，可以让家长在旁边协助。总之，你需要计算出预算金额的总额减去需要花费的总额。请问：

- “钱还有多少，够买完清单上所有的商品吗？”（答案一定是“不够”！否则就失去玩这个游戏的意义啦！）

- “如果要买完清单上所有商品，你还需要多少钱？”
- “为了不超出预算，你觉得清单上哪些商品是可以删除的呢？”

你一个，我一个

如果你有兄弟姐妹，或许你们也曾经为谁分到得多、谁分到得少而争执吵闹过。在幼儿园里，即便老师努力让分配尽量平均，但给你们分发东西的时候，你是不是也总感觉有些小朋友分到的会多一些呢？这个游戏会帮你解除这方面的困扰，让你明白平均分配是怎样的。不仅如此，这个游戏还会帮你提升分数、乘法以及有余数的除法等方面的计算能力。

技能大提升

- 分数
- 估算能力
- 有余数的除法

怎么玩 “一个给你，一个给我”游戏

1.排排坐，分果果。这个游戏能教你怎么公平地给大家发零食。下次，再有朋友来家里的时候，你这个小主人就能公平、公正地给大家分发零食啦。不过，要想玩这个好玩的游戏，请你先准备一些容易分发的零食，如葡萄、小面包或饼干等。

2.当你按照“你一个，我一个”的好办法给所有人都发好同等数量的零食之后，可能手里还会再剩下一些。其实，这和数学里的除法是一样的，很多时候，数字不能被整除，那些被平均地分完之后剩余的数字，我们叫它“余数”。

3.当你的客人们都回家以后，你可以拿出一些小道具继续练习“分果果”。比如，小积木、小硬币、干的意大利面等。你可以假想出一个人数，准备把手里的道具平均分给他们，然后按照“你一个，我一个”的方法，继续练习这个最公平的分配方法。

游戏拓展

这个游戏也有大孩子的玩法。在发零食之前，可以先数一数人数，再数一数零食的总数。当确定好这些数字之后，你就可以思考，比如“如果给每个人发3块饼干，会有剩余的饼干吗”，又或者“我们现在共有21块饼干，7个人，要发给每个人几块饼干”。

通过分发零食，你应该早就发现其实并不是所有事情都一定要做到绝对公平的。比如吃葡萄这件事情：幼儿园的孩子能吃的量就比初中生少，所以并不需要给每个人都发同等数量的食物。此外，这个游戏还能帮你训练一些相对复杂的数学运算，比如你吃葡萄时食量是弟弟的3倍，弟弟有15颗葡萄，你应该有多少颗呢？小伙伴之间可以互相用这样的方式来训练数学能力，这也是在提高生活技能哦！

拼车数学

拼车不仅能让开车的过程变得更加有趣，而且能很好地证明数学的确存在于生活的每一天。孩子们在拼车时最重要的事情就是确保每个人都能准时到达他们的目的地。数学就能帮你做到准时。

技能大提升

- 时间观念
- 估算能力
- 数学运算能力

怎么玩 “分段计算时间”游戏

1.因为是拼车，所以我们要去的地方有好几个，并不仅仅是最终的那一个目的地。除了计算到达目的地的时间外，还得计算到达每一个拼车小伙伴家的时间，过程中等小伙伴们下楼、上车坐好安全座椅所需要的时间，所有成员到齐再到达最终目的地需要的时间等。

2.年纪大一点儿的孩子可能还有点儿时间观念（他的朋友们也是），知道该把这些时间都计算在内，算出最晚该在什么时候出发，时间来不来得及等。不过，得提醒你，一点儿富余时间都不留可不行，计算出发时间时最好对每个阶段所可能花费的时间都多计算5分钟。比如，你可以按照下面这个思路来决定出发时间：

我们必须在4点钟到达游泳馆，而且过程中还要接上汉娜和爱丽。从我家到汉娜家需要开10分钟的车，不过，汉娜每次都会晚5分钟左右。接到她以后，开车去爱丽家需要5分钟，从那儿再开车去游泳馆需要15分钟左右。那么，今天要几点出发呢？

3.如果这个思路对你来说太复杂了，其实也可以换一种方式来计算出发时间。试一试下面的这个办法：

如果我们3:15出发去游泳馆的话，去汉娜家要花10分钟，再从那儿去爱丽家需要花5分钟，从爱丽家到游泳馆要花15分钟。如果大家都能按时上车，准时出发，我们4:00前能开始训练吗？

怎么玩 “路上花费多少时间”游戏

1.如果你刚刚学会看时间，只掌握了一点点时间的概念，那么这个游戏里的计时方法可能更适合你。年纪略长、对时间的概念掌握得更好的孩子在计算路程所花费的精确时间时难度不大，但如果你年纪还小，先从1小时与半小时的层面入手效果会更好。

2.不分段计算每段路程的时间，而是整体计算路上所需要的全部时间。当然，也要把接每个人所需要的时间计算在内。你要计算出发时间的时候可以这样做：

我们必须在4:00到达游泳馆，路上接齐所有人再加上开车到游泳馆的时间共需要半小时。那么，我们该几点出发呢？

如果这个对你来说还是太难了，那也可以试试下面的办法：

去我朋友们的家接上他们再一起开车去游泳馆需要半小时，游泳课是4:00开始，如果3:30出发，我们能准时到游泳馆吗？

游戏拓展

计算出发时间的时候，还要和生活中的实际情况相结合。你一定也知道，在现实生活中，我们开车难免会遇到堵车、迷路或者红灯过多等情况。所以预计出发时间的时候，这些因素也必须考虑进去，得给这些情况预留一定的时间。

清扫房屋中的数学

回想一下，爸爸妈妈是不是经常要求你打扫自己的房间？你乖乖听话，真的自己打扫了房间的情况又有几次？你看，当你回想计算这些“过去”的时候，就是在做清扫房屋数学了。当然，清扫房屋数学肯定远不止如此。它可是能够让你在打扫房间的过程中提高数学运算能力的有趣游戏。开始前，你要有心理准备，每次打扫房间实际花费的时长肯定远远超过你预想的时长。因为你以为的“干净”和房间真正的干净之间可能还存在着一定差距，所以在你开始清扫房间之前，最好先向妈妈请教一下，搞清楚清扫一个房间大概需要多长时间，房间干净的标准是怎样的。

技能大提升

- 时间观念
- 评估能力
- 数学运算能力

游戏所需物品

- 计时器

怎么玩 “清扫房屋中的数学”游戏

提前预估

1.预估具体的清洁任务。如果你自己不太确定，可以让妈妈帮忙指导你，看看哪些东西是需要清扫的。比如，地板的清洁任务包括：看看地上有没有需要捡起来的玩具或者杂物；地上大约有多少东西，是将近10件还是25件……用同样的办法，再预估清扫书架、床以及其他地方的清洁任务。

2.都算完以后，把这些任务加在一起，估算一下你需要收拾多少东西。

时间观念

1.当你和妈妈一起在房间里预估清洁任务的时候，可以说说你们各自觉得清扫这个房间需要花费多长时间。看看你和妈妈预估时间的差异主要在哪里，说一说各自的理由。

2.看看现在的时间，预估一下，你觉得在半小时内能清扫完房间吗？

对比差异

当你清扫房间的各个区域时，记得数一数实际收拾、整理的物品的数量。把这个实际整理的物品数量和之前预估的数量进行对比，看看差异有多少。这种对比差异的做法，能够帮你了解你的预估数量和实际数量间其实多多少少是存在差异的。

基础除法

等到真的动手清扫房间的时候，你肯定很希望有一些帮手来帮助你打扫房间吧。毕竟做事的人越多，每个人要做的事情就越少。那么，现在你就需要用到基础除法运算啦。你可以请家里的兄弟姐妹或者小伙伴们来帮忙（如果是这样的话，你还得给每个人分配工作），大家各自做多少事情可以这样来计算：

我们一共有3个人，总共要收拾12件玩具。如果我们每个人只收拾2件玩具，房间会干净吗？为什么呢？为了让房间变整洁，我们每个人需要收拾多少件玩具呢？

游戏拓展

尝试挑战自己的估算能力吧。先推算5分钟内你可以收拾、整理多少件物品，然后打开计时器，检测一下你预估的数量对不对。

超市购物中的数学

要想证明数学真的“活”在日常生活中的每一天，最简单的办法就是去逛超市。正如在超市里你能找到很多训练文字认读能力的好方法一样，你同样能在那里找到学习数学的好方法——只要你时刻准备着并且能够去超市就够了。

不过，虽然超市里有很多学习机会，你也不要每次都毫无计划地什么都练习。如果你每去超市一次，就要把所有的游戏都玩一遍，那你真的没办法从超市出来了，而且以后逛超市对你来说也会变得索然无味。所以，聪明的做法是，每次去只训练其中几个游戏，将剩下的留给以后。这样一来，你逛超市的时间就不会过长，而且也不会很快就厌倦在超市学习数学啦。

技能大提升

- 数学运算能力
- 估算能力
- 预算能力

游戏所需物品

- 超市购物清单
- 笔
- 纸
- 计算器

怎么玩 “要花多少钱”游戏

1.让妈妈给你开一份超市的购物清单，在每件商品旁边写上你预估的商品价格。去超市的时候，记得带着你的清单，并拿着笔。这样，你就能在旁边写上每件商品的真实价格了。

2.如果你已经会使用打折券了，还可以向妈妈要一些超市的打折券，以及近期促销商品的宣传单。如果你家有超市的积分卡，而且现在积分还可以抵扣现金，或者家里有超市的折扣卡，记得也要带上它们。把所有这些能够打的折都算在一起，预估一下买完清单上的所有东西需要花多少钱。请将你的预估价格写下来，在买完东西回家后进行对比，看看你预估的价格和实际所花的金额之间有多少差别。

怎么玩 “商品有多重”游戏

1.逛超市的时候，可以去称重台看一看超市用来称重的电子秤。它的单位是千克，1千克相当于两个500克。你可以挑选一些蔬菜或者水果，先想一想家里大概需要买多少，然后按照想要买的重量进行挑选。当你觉得重量差不多时，就拿到称重台去称重，看看你估算的重量和它们实际的重量是否一致。

2.挑两种不同的商品，看看你能不能挑选出重量相同的不同商品。苹果、橘子还有土豆等就很适合玩这个游戏。你可以每只手各拿一种商品，然后两手掂一掂，感受一下两边重量是一样的，还是不同的。如果感觉两边重量是差不多的，就拿到称重台去检验一下，看你估算的重量准不准。

3.计算商品的总价。可以先查看称重商品的单价，然后计算一下，如果要买2千克这样的商品，一共需要花多少钱。你可以先算一算，待称重后查看自己计算的金额是否准确。

怎么玩 "挑选包装袋"游戏

请你在收银台仔细观察各种包装袋的大小，然后根据已经购买的食品的大小、重量，估算一下你需要几个包装袋，分别是什么型号。注意，选袋子的时候还要考虑到包装袋是纸袋子、塑料袋，还是环保袋。

怎么玩 "价格比一比"游戏

1.对比食品的价格。购买任何商品之前都要对比价格。同一类商品不仅著名品牌和一般品牌之间价格不同，而且同款商品不同的包装之间也会存在价格差异。如果你会用计算器，可以在买之前先用计算器来算一算哪款商品最划算。比如，如果你打算买麦片，同一品牌的商品中，1.2千克卖30元，1.5千克卖36元，那么，就可以用它们的总价除以重量来对比它们的单价：

30÷1.2=25（元/千克）

36÷1.5=24（元/千克）

所以，买大包装的麦片就比较划算了。

2.对比手中的促销宣传单和打折券。埋单之前，先看看手中有没有特价商品的打折券，算一算如果这个商品在做特价活动，而且你还有打折券可以使用，那么能省下多少钱。此外，还要看看那些做特价的名牌商品和没有做特价的一般商品相比较，哪种价格更实惠。

游戏拓展

完成以上游戏后，你可以思考：哪些商品很难估价？哪些商品估价更简单些？为什么有些商品会比其他商品更难估价呢？你预估的总价和实际价格接近吗？

自驾游中的数学

自驾旅行不仅可以让你有一段美好的休闲时光，而且能成为现实生活中实实在在训练数学能力的好机会。从车牌号到地图再到一日三餐，有很多机会都能让你享受到“寓教于乐”的快乐。“寓教于乐”这个词就是把教育和娱乐融合在一起，让你在娱乐的过程中学到知识。

技能大提升

- 数学运算能力
- 设置密码的能力
- 赚钱能力

游戏所需物品

- 纸和笔，或者白板和白板笔
- 计算器

怎么玩 “车牌上的数”游戏

1.你可能早就可以通过车牌判断汽车的归属地了，可你还不知道能利用车牌来玩一些数学游戏吧！

2.让车上除司机外的每位成员都细心观察车牌号，除掉其中的字母，把车牌号记下来。请你读出每个车牌号的数字（如果你会的话），然后对比这些数字，看看哪个数字最大。可以试着回答下面这些问题：

- 你能说出每个车牌号的十位数是多少吗？百位数呢？
- 有没有哪个车牌号上有比百位数字更大的数字？它是多少呢？
- 如果把车牌号上的数字一个一个全部加起来，哪个车牌的总数最大？

3.先记下你看到的那些车牌的号码。用基本的字母密码技巧来给每个字母确定一个数字。最简单的密码设置方法就是按照字母在字母表里的顺序给它分配上数字，即A=1……Z=26。再计算一下，按照这种方法把字母变成数字后，看看哪个车牌的数字相加后最大。

怎么玩 “地图与路线”游戏

1.在旅行开始之前，打开一张地图，让家长告诉你你们所在的位置，还有这次自驾游的线路是什么。让他们教会你认识地图的比例尺，知道怎么将地图上的距离换算成实际的公里数。

2.知道这些以后，试着帮爸爸妈妈规划一条能够以最短距离到达目的地的自驾线路吧。

3.把你规划的线路和爸爸妈妈选定的线路对比一下，思考一下：两条线路的距离是一样的吗？是你的线路更合理呢，还是他们设计的线路更合理呢？假使两条线路的距离是一样的，不同公路上不同的限速规定会影响你们花在路上的时间吗？为什么？

怎么玩 “食物、汽油和过路费”游戏

1.即便你们在服务区休息就餐的时候，你也有机会学习数学，尤其当你们停下来到服务区买食物或者加油的时候。

2.你可以拿钱自己去休息区的商店买东西。让家长把钱给你，由你来独立付账，你看看自己能不能清楚知道该找回多少钱。拿回找零后，记得请家长清点一下，确认数额正确以后再离开。

3.在餐厅就餐的时候，试着用四舍五入的办法算算餐费的总额。等每个人都点好餐以后，你就可以计算这顿饭大概需要多少钱。把你算好的数额先记下来，等到埋单的时候就能和实际数额相比较，看看是否接近。

CHAPTER 13

计算、分类和规律

计算、分类和规律是数学世界里密切相关的3种基本技能，学习它们就是在为将来修筑数学大厦打牢地基。事实上，像加、减、乘、除一类的数学运算，尽管在内容上更显复杂一些，但实际上也是以这3种技能为基础的。根据物体各个方面的特点或特性，可以将它们分成不同的种类，再基于种类的不同，相互之间又能组成不同的模式。一般来说，可以按照物体的颜色、形状、大小、长度、高度、重量和材质等进行分类。通过本章所列举的这些游戏，你一定能清楚地分清事物之间的共同点以及区别，而且能掌握这些基本的数学技能，为将来学习高等数学打下坚实基础。

花样棒棒糖

花样棒棒糖，造型你来定。这个游戏既简单又有趣，能让你在轻松愉快的游戏中学会分辨不同的“花样”。你不需要买真的棒棒糖，为了更好地施展并提升你的才能，你可以自己动手，做出你的专属棒棒糖。这样，不仅棒棒糖的花样更加别致，而且还方便存放，以便以后随时取用。

技能大提升

- 图形识别能力
- 分类能力
- 精细动作能力

游戏所需物品

- 棒棒糖模板（非必要）
- 多种颜色的泡沫纸、卡纸、壁纸样品或者有图案的剪贴纸
- 手工棒
- 剪刀
- 白乳胶
- 铅笔
- 记号笔
- 贴纸、彩色胶带或者橡皮图章
- 彩笔或蜡笔

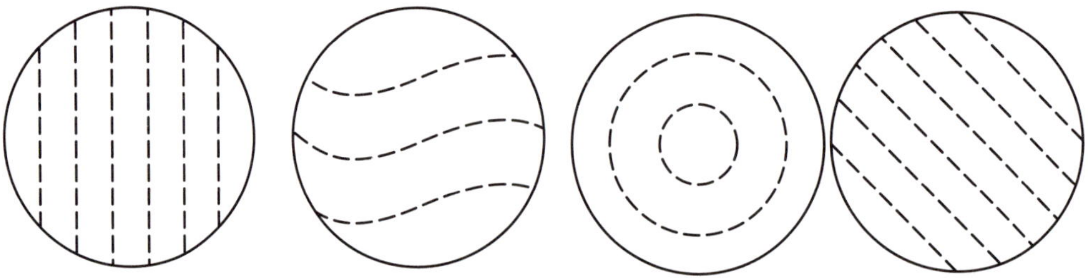

花样棒棒糖模板

游戏前的准备

1.做棒棒糖的圆圈：依照棒棒糖模板，用记号笔在卡纸或者泡沫纸上画圆，每种花样最少画4个。画圆圈内的图形时，你可以请家长用小刀或者剪刀沿着棒棒糖模板的虚线在卡纸或者泡沫纸上刻好痕迹，再沿着痕迹用笔在卡纸或泡沫纸上画好图形。如果你想画自己设计的棒棒糖花样，也可以用类似的办法在大圆圈里画出一些同心小圆或者其他图样。这些圆圈对创作独一无二的花样很重要。

2.在颜色一致的卡纸或者泡沫纸上，画出相同数量的圆圈。注意，不要画圆圈里的图样。接着，剪下所有的棒棒糖圆圈。

3.准备好彩笔（蜡笔）、贴纸或其他任何可以用来装饰的材料。如果你是用棒棒糖模板来制作的，那么每种图样的圆圈应该各有几套。同一种图样的圆圈，它们表面的线条图案应该是完全一致的。现在，按照不同的线条图案来分类装饰它们吧！把线条图案一致的圆圈们制作得完全一样，就像多胞胎似的。也就是说，对图案一样的圆圈来说，如果你想涂色，就在同样的位置涂上相同的颜色；如果你想贴贴纸，就把这些贴纸贴在完全一样的地方。做好之后，即便所有圆圈都混在了一起，你也应该能够很容易地根据它们的花样进行准确归类。

4.用白乳胶在每个有图案的圆圈的反面粘上一根手工棒。每粘好一个，就翻过棒棒糖，让它图案朝下，另外再拿一个没有绘制任何图案的圆圈贴在没有图案的这一面上。现在，如果你的棒棒糖是一面有图案，一面没有，并有手工棒粘在它们中间，那么恭喜你，你做得很棒！

5.将做好的棒棒糖均匀地分成两堆。它们各自的图形是否一样无关紧要，因为接下来你要做的是在棒棒糖的手工棒上写字。

6.现在发挥你的数学才能，数数每一堆各有多少根棒棒糖。数第一堆的时候，每数一根就拿起它，并用记号笔在手工棒上写下相应的阿拉伯数字。接下来数第二堆时，沿用同样的办法，只是将写在手工棒上的拉伯数字替换成相应的中文数字。

怎么玩 “棒棒糖的分类与排列”游戏

1.棒棒糖最基本的玩法就是将棒棒糖进行分类和排列。不过，你得记住，同一排的棒棒糖必须重复排一次才能算作一种花样编排。比如，先排一根红色棒棒糖，接着是蓝色棒棒糖，再接着是红色棒棒糖，并不算完成编排，你必须再排一根蓝色棒棒糖才算成功完成了这种花样编排。

2.把所有的棒棒糖收进小罐子里，再一次一个地把它们拿出来。边拿边依据它们的样子来分类，看看你能不能成功地把一样的棒棒糖分在一起。

3.你先用棒棒糖摆出一种花样排列，再让小伙伴继续按照你的排列规律排出相同的花样。比较常见的花样编排的方式（不同的字母代表图案不同的棒棒糖）有ABA、ABBA、AAB、ABC等。

4.拿起棒棒糖，看看你还能排出多少种花样吧！

怎么玩 “记忆中的棒棒糖”游戏

1.把棒棒糖混在一起，再把有图案的一面朝下，依次摆放在桌上。现在桌上所有的棒棒糖应该是同一种颜色。

2.每次翻开两根棒棒糖。如果这两根棒棒糖的花色图案一致，那么它们就是你的啦！但如果它们不一致，你就只能把它们图案朝下地放回桌上。

3.第二轮玩的人既可以选择翻前一轮已经翻开的棒棒糖，再找和它图形匹配的棒棒糖，也可以翻两根新的棒棒糖。因为每种花样的棒棒糖都做了4根，所以找到图形一样的棒棒糖应该不太难。

4.游戏结束时，翻到匹配棒棒糖最多的选手获胜。

怎么玩 “匹配棒棒糖”游戏

1.这个游戏和“记忆中的棒棒糖”游戏很相似。区别在于，这个游戏更适合能区分图形但对记忆游戏感到吃力的年纪小一些的孩子。

2.把棒棒糖图案朝上地摆成一排。先拿起一根棒棒糖，看清楚它的花样图案以后，请你尽可能地去找其他和它花样图案一致的棒棒糖。你可能很快就找到1个、2个，甚至

3个完全一样的棒棒糖。但如果你不能很快找到它们，也不要心急，慢慢来，相信你一定可以找到!

3.找到全部匹配的棒棒糖之后，不如让你的小伙伴也来找一找。你挑一种花样，让他来寻找剩下的相匹配的棒棒糖吧。

怎么玩 “棒棒糖的数量”游戏

这个游戏可以有很多种不同的玩法，比如下面这些有趣的方式:

- 把写着阿拉伯数字和中文数字的棒棒糖分成两堆。按照手工棒上写的数字将数目相同的两根棒棒糖两两配对。
- 按照手工棒上数字的大小依次给棒棒糖“排队”，注意将阿拉伯数字和中文数字分别排列。
- 你说出一个数字，然后拿起数字相同的棒棒糖。也可以和小伙伴们一起，一人说数字，其他人拿数目相同的棒棒糖。
- 借助一些小玩具来匹配棒棒糖上的数字。比如，你可以放10块乐高积木在写了“十”的棒棒糖下，或者放6支蜡笔在写了“6”的棒棒糖下。
- 随意摆出几堆物品，数一数每一堆各自有多少件物品，然后把写了对应数字的棒棒糖放在它们旁边。

玩转食物

一般情况下，爸爸妈妈是不太可能允许你在吃东西的时候玩自己的食物的。不过，对于学习花样模式来说，有些零食还真能成为棒棒的“老师”。你只需要在家里准备一些各种形状的小零食，就能轻松愉快地把学数学时间和吃零食时间完美结合在一起。至于你打算在什么时候训练自己的分类能力，在一定程度上取决于你打算什么时候吃零食啦。不过，在一整天里，你总能找到机会让自己吃吃种类丰富的零食，对吧。

技能大提升

- 寻找规律的能力
- 分类能力

游戏所需物品

- 各种形状的零食（比如，手指饼干、彩色的鱼形饼干、方形饼干、圆形饼干、什锦干果、早餐麦片、葡萄干或者芝士块等）
- 小号的塑料杯（最好是透明的）
- 纸盘

怎么玩 “好吃的花样组合”游戏

用什锦干果或者早餐麦片这类零食来试一试，看看你会怎样分类和摆花样。请你拿出一些塑料杯和一个纸盘。先根据食物的类别来分类，将不同类别的食物分别装在不同的杯子里。完成以后，再将你爱吃的食物按照一定的规律摆在盘子里。例如，可以简单地摆成：葡萄干、葵花子，葡萄干、葵花子……也可以摆成复杂的模式：葡萄干、葵花子、杏仁、海枣，葡萄干、葵花子、杏仁、海枣……

怎么玩 “食物新造型”游戏

利用零食自身的形状，摆出你认识的新造型。比如，可以在盘子里，利用不同形状的饼干，摆出一个跳棋棋盘；或者也可以将芝士块间隔地放在饼干上（这一块有，下一块没有），摆出间隔交替的图案模式。

怎么玩 “长短不一的食物”游戏

用手指饼干摆花样，能让你明白即使是同一种东西，只要它们长度不一，同样也能摆出造型各异的图案模式。玩的时候，你可以把一些手指饼干从中间掰断，这样就可以利用它们在长度上的不同来摆出不同的花样啦。

怎么玩 “复制相同花样”游戏

在纸盘和小杯子里各放一些零食，练习复制相同模式的花样吧。可以先在纸盘上摆出一个简单的花样，然后让其他游戏参与者利用杯子里的零食继续摆出同样的花样模式。摆放正确后，大家才可以愉快地吃掉它们。

杂物抽屉的分类大法

每个人最少会有一个装杂物的抽屉。各种各样的、不知道该放在哪里的东西都被集中在这个抽屉里。时间一长，这个抽屉里的东西会越来越多，越来越乱。即便是这样的抽屉也可以变成一个很好的教学工具。“杂物抽屉的分类大法”游戏就是这样一个能够化腐朽为神奇的好游戏。它既能帮你学会分类的技能，还能让你学会分担一点儿家务活。

技能大提升

- 分类能力
- 环保意识

游戏所需物品

- 一个杂物抽屉
- 垃圾桶
- 报纸或者一次性桌布
- 抽屉收纳盒或者桌面分区整理器

怎么玩 “杂物抽屉的分类大法”游戏

1.铺一张一次性桌布或者一些报纸在地上，然后将杂物抽屉里的东西全部倒在上面。如果你担心会摔坏抽屉里的东西，可以让家长帮你完成这个步骤。如果抽屉里的东西都是些不怕摔碰的物品，那么自己动手做就更好啦。

2.对杂物进行分类。做分类工作的时候要记得，分类的目的是使抽屉里的东西变得整洁，并能分类摆放。当然，这个抽屉里也许混入了一些不再需要的废旧物品，所以进行分类的时候还要分出应该丢弃的一类。

3.请你按照物品的用途将它们分成不同的种类。比如，你可以把螺丝刀和扳手归为一类，因为它们都属于工具；再把胶带和胶棒归入另外一类。

4.当你按照它们的用途分成几大类以后，还要再进行精细一些的小分类。看看你能不能把材质不同但用途相似的物品归在一起。比如办公用品，它们可能因为材质不同而被分入了不同的大类里，例如橡皮圈、回形针、钢笔和铅笔等。

5.让家长帮助你识别每一种类似的物品，记住它们的名字并对它们进行分类。如果家长也不能说出它们的名字或用途的话，这个东西多半可以扔掉了。

6.拿出准备好的抽屉收纳盒或者桌面分区器，将分好类的物品整洁地摆放回抽屉。注意，抽屉的分区最好一目了然。

7.再次检查你整理出来的准备丢弃的物品，把还需要用的东西重新拿出来。剩下的物品就用一次性桌布或者报纸裹起来，扔进垃圾桶。现在，你就可以使用干净整洁的新杂物抽屉啦！

麦芬烤杯和玩具的分类

麦芬烤杯是家庭用品中最适合用来玩数学游戏的小工具了。只需要几个麦芬烤杯加上一些不同类别的小玩具或者手工材料，你就可以好好地练习分类和辨识配套物品的能力啦。

技能大提升

- 分类技能
- 辨别配套物品的能力

游戏所需物品

- 麦芬烤杯
- 卡纸
- 剪刀
- 记号笔

- 各种各样的小玩具或者手工材料（比如，五颜六色的小绒球、谷物圈、弹珠、乐高积木、磁铁字母、玩具食品、玩具动物、各种形状的意大利面、一小包种子等）

游戏规则

1.颜色分类：选择6张不同颜色的卡纸，把它们都剪成圆形，然后分别放在6个麦芬烤杯的杯底。请你随意拿出一些颜色各异的小玩意，比如，弹珠、谷物圈、五颜六色的小绒球等。请你根据麦芬烤杯里卡纸的颜色，分别把和它们颜色一致的小玩意装入其中。

2.数字分类：把杯底剪好的圆卡纸拿出来。每张纸上随意写上不同的数字，再把纸放回杯中，要其他游戏参与者依照所写的数字，分别往杯子里装入相应数量的物品。

3.食品分类：你可以在桌上再多加2个或3个烤盘或者平底锅，再在上面写上不同食物的名字。比如，你可以在麦芬烤杯内的圆卡纸上写“蔬菜”“水果”和“肉类”等，也可以写“早餐”“中餐”和“晚餐”等。搞清楚这些名词的意思以后，拿出准备好的玩具食品，按照类别对食品进行正确分类。

4.动物分类：这个游戏有很多种不同的玩法。如果你准备的玩具或手工材料都足够小巧的话，你可以直接用麦芬烤杯来玩这个分类游戏。但如果你的玩具或手工材料都比较大，那就得用烤盘来玩了。

不管最后选择用什么东西来盛放分好类的物品，都要尽可能多地用不同的分类方法来玩这个游戏。可供借鉴的分类方法有：农场动物、野生动物和动物园动物；两足动物、四足动物和飞行动物；哺乳动物、爬行动物和两栖动物等。如果这些分类方式对你来说太难了，也有简单的玩法：把动物的不同叫声分别写在烤杯内的圆卡纸上，再依照它们叫声的不同进行分类。

5.归纳分类：玩这种麦芬烤杯分类的游戏，你只需要给自己准备一大袋子的杂物就够了。不管是形状各异的意大利面，还是不同种类的种子，又或者是各种混装在一起的玩具，你只需要按照它们的类别将其装入不同的烤杯里就可以了。

游戏拓展

动物分类的游戏其实可以升级成融合数学和文字技能的游戏。先准备好一套磁铁字母，要求从里面找到每种动物名字拼音的首字母；可以模仿某种动物的叫声，要求对方根据声音用相应的磁铁字母拼出这个动物的名字。

CHAPTER 14

加减乘除

当你对大自然的各种模式规律有所了解以后，就是时候开始了解数字运算中的各种模式啦。加、减、乘、除等运算方法（数字运算），其实就是建立在固定模式基础上的数字间或者数组间的运算。本章列举的游戏能帮你揭开这些模式的“面纱”，让你对数字运算的模式了如指掌。

建座事实家庭屋

数字运算中一个基本的主题就是事实家庭。每个事实家庭都由3个相互联系的核心数字构成。就像人类家庭一样，3个成员彼此联系，互成整体。事实家庭里的3个原始数字间至少可以进行4种数字运算。不过，我们将先练习加法和减法，熟悉之后再训练乘法和除法。

认得出事实家庭，尤其是下文中列举的“10的家族们”，不是让你死记硬背地掌握加法要诀，但如果将它们装进同一个“屋”里，就是用类推的方式拓展了家庭的概念，能够让你在充满趣味的游戏里看清彼此间的关联。

技能大提升

- 辨识数字中的运算模式
- 确定数字间的关系
- 设计并解决数学题目的能力

游戏所需物品

- 彩色铅笔或者蜡笔
- 带横线的书写纸
- 卡纸、硬纸板或者牛皮纸等
- 剪刀（非必要）

游戏前的准备

在开始游戏之前，你得先明白这些概念：

- 直系家庭。构成直系家庭关系的3个成员是3个明显相互关联的数字。当你把两个数字相加，得到的总数就是这个直系家庭的第3名成员。比如，如果一个事实家庭由数字7、3和10构成，那么，意味着你将前两个数字相加得到的总数就是第3个数字：7+3=10。或者，也可以交换这两个数字的前后位置，但得到的结果是一样的：3+7=10。

● 家庭表亲。家庭中的3个数字成员之间除了存在加法关系外，和我们人类家庭关系一样，它们之间也可以存在减法关系。也就是说，即便用减法运算，这些数字之间仍然相互关联：用3个数字中最大的数字减去剩下2个较小的数字中的任意一个，得到的结果一定是最后剩下的那个数字。比如：10–7=3或10–3=7。

● 内在家庭机制。就像即便爸爸妈妈不在身边，你也能在脑海里想起他们的样貌。基于家庭关系，我们同样能快速找到事实家庭里缺少的是什么数字。当你对各类事实家庭的成员以及它们之间的相互关系了如指掌以后，这些信息就会很快浮现在你的脑海里，让你能对相关的题目迅速做出回答。比如，当有人让你回答7+___ =10，你是不是很快就能告诉他答案是“3”这名家庭成员呢。

怎么玩 “建座事实家庭屋”游戏

1.拿出书写纸和铅笔，在纸上列举出10组相互关联的事实家庭。这个步骤可以让爸爸妈妈帮助你，也可以自己独立完成。不过，要注意的是，所有这些事实家庭成员最大不要超过10。所以比较简单的办法是，你可以在书写纸的第一排写下数字1，再思考1加几等于10。把你的答案写在纸上，写出9这个数字。接着，再继续这个步骤，用相反的数字顺序，从9开始思考，9加上几等于10？也就是说，在这个步骤里，你需要完成9+1的运算。

2.拿出一张卡纸或者硬纸板，请你在上面画一个简单的小房子。房子越简单越好：只要有一个基本的方形外加一个三角形当作屋顶就可以了。在屋顶上，请你画3扇窗子，其中1扇窗子画在屋顶较尖的地方，另外的2扇分别画在屋顶三角形底部的两边角落处。

3.在表示房子主体的这个方形里，你需要画4扇水平的矩形窗，从方形的最上面开始，依次往下，每扇窗子都要画得和房子差不多宽（这和你平时画的小窗子可不太一样，如果你不是很确定，可以让爸爸妈妈帮你）。

4.在其中2扇长窗户里写上关于加法的空题（ + = ___），在另外两扇长窗户里写上关于减法的空题（___–___ = ___）。

5.在屋顶的3扇窗子里，请分别填上你之前列举好了的数字“10”的事实家庭。注意，数字10应该总是填入屋顶最上方三角尖处的窗子里。因为这个数字和其他的数字都存在着一定的关联，所以可以把它看作家族中的老大。

6.可以把屋顶里的这些数字填入下面长窗户里的加法空格中啦。像你这样聪明的孩子，一定发现了吧，在这个题目中，10永远都是写在等号后面横线上的数。

7.你还可以继续将这些数字正确地填入减法题中。减法其实并不难，它就是加法的一种反推，比如，当你用7加上3以后等于10，那反过来，如果我从10里拿走了3，它还剩下几呢？看，这就是减法！

8.当你做完所有的题目，那就开始装饰这座小屋吧。

游戏拓展

可以给每一个10的事实家庭都建一所房子，然后将这些房子一座一座地剪下来，就能做成一个事实家庭版的小小社区啦。

乘法魔术：让乘法变简单的魔术

能够快速解答乘法运算是进入复杂数学运算学习之前必须掌握的一项技能。这也是在学校的时候，老师会花那么多的时间来训练学生快速回答乘法运算的原因。但是，并不是所有的孩子都能顺利地背熟乘法口诀。如果你不幸是背不熟乘法口诀的孩子们中的一员，没关系，用不着太担心，我们准备好了乘法魔术，不仅能让你轻松学会乘法，还能让你亲眼见证奇迹。

有研究表明，死记硬背乘法口诀既不能帮助孩子弄懂数字之间的关联，也不能让乘法运算的规律更加简明。科学家发现，基于实践经验或者与生活紧密联系的数学运算才能收到更好的教学效果。以下就是一些可供参考的基于实践经验的乘法运算训练策略，它们实践起来都非常简单。

- 用家中常见物品作为看得见的乘法运算物。积木或者小玩具就是很好的学习伴侣，借助它们，你很快就能搞清楚，其实所谓的“乘法”，不过就是将多组数值一致的数字重复相加的简单计算方式而已。比如，你可以在纸上写下4×2这个问题，你看，如果用积木来帮助展示，其实就是分别摆出4组各有2块积木的积木堆。看明白了吧，这个问题实际上就是问4组各有2块积木的积木堆一共有多少块积木，把它们全部加在一起就对了。

✚ 练习2倍乘法。在数学世界里，2倍本身就是一个奇妙的概念。你只要记得，任何数字的2倍其实就是用这个数字自己与自己相加一次。只要明白了这一点，要记住乘法口诀里乘以2的部分就是小菜一碟了。至于原因，很简单，数字乘以2，其实就好像问如果同样数字的东西有2组，请问它们一共是多少。

✚ 将跳数和5倍乘法联系。你应该已经知道怎么5个一组的方法去数数了吧，但你也许还没有意识到，其实5个一组地数数这个行为本身就是在背诵5倍的乘法口诀！你看看，如果借助自己的手指来数数，每数5个数就竖起一根手指，那么，你就能轻松地回答任何与5相关的乘法问题啦。比如，如果你用5个一组的方法来数15这个数字，你会竖起3根手指头，它和5×3的乘法问题不就是一样的吗！

有一些魔术将数字运算的奇妙过程一一展现在人们眼前，但也有一些魔术能够帮你快速得出答案，其他人却看不到你的解题过程。等你学会了这些魔术，还可以到朋友和老师面前秀一秀神奇的速算天赋呢！

怎么玩 “神奇现身的0”游戏

1.请家长帮你把有关10的乘法口诀写下来，然后你来认真地观察它们。细心的你一定能看出来，当数字乘以10后，得出的结果看上去就好像是在数字后面再加上1个0。

2.你自己用计算器再来试试让更大的数字乘以10吧。你也发现了，对不对？无论多么大的数字，只要再乘以10，这些数字的后面就会神奇地再加上1个0！

怎么玩 “被0相乘”游戏

被0相乘看上去就不那么像一个魔术了。为什么任何数字乘以0以后，所得到的答案都是0，而不是被乘数字本身呢？这一点你能想得明白吗？实在想不通的话，你不妨换个角度想一想：你觉得0组东西是多少东西？看，答案就是0，什么东西都没有。明白为什么那些被0乘的数字会消失了吧，因为是0组。

怎么玩 “看见了两个自己”游戏

11的乘法魔术只对个位数字起作用，不过，也许你早就开始玩这些魔术了呢。魔术是这样的：写下一些10以内的数字，你会发现，用它们分别乘以11以后，这些数字就会变出两个自己：

11×7=77

11×3=33

怎么玩 “2倍的2倍”游戏

1.如果你已经完全学会乘以2的小魔术，那你一定也能学会乘以4的魔术。请你拿出一张纸，把纸长的这一边对折，然后展开，这样纸的折痕就会把纸分成两半。请你在其中一半里写下有关2的乘法口诀。

2.再在另一半写下有关4的乘法口诀。

3.你发现它们之间的神奇关联了吗？答案其实就是2倍的2倍。看看，4×2=8，那么4×4=16，即2倍的2倍。

怎么玩 “奇数的‘5倍’魔术”游戏

1.这个魔术有一点点奇怪，因为它只对奇数有效。请你把有关5的乘法口诀里乘以奇数的那部分口诀写下来，并认真思考，看看能不能找到它们神奇的地方。

2.你有没有发现，其实把这些奇数的乘数减去1，再将它们减半，得到的数字后面加上个5就是这个奇数乘以5后的数字了。如果你还没有看明白，不如看看这个等式：5×9=45。其实运算的过程也可以是：9−1=8，8÷2=4，再在4后面加上5，同样为45。

怎么玩 “对偶数也奏效的‘5倍’魔术”游戏

1.如果你不喜欢常规地记忆5的乘法口诀，我们还可以试试别的小魔术。请你先把有关5的乘法口诀都写在纸上，包括乘数是偶数的，然后需要你找一找其中的运算规律。

2.在你眼前出现了什么神奇的规律？当乘数是偶数的时候，答案其实就是这个乘数的一半，再在后面加个0。不相信吗？不如你来试验下这些乘法运算：

5×6=30

5×8=40

怎么玩 "神奇的手指数学"游戏

1.要学习有关9的乘法口诀，其实你只需要动动手指就能轻而易举地学会啦。请把你的双手举起来，记住从左到右的顺序，左手的手指从小指到拇指分别代表1~5，右手的手指从拇指到小指分别代表6~10。

2.这个魔术的第一步，请你将左手的中指弯下来，也就是代表3的指头。

3.9×3=27，这个算式还记得吧？现在请你看看你的手指。在弯下手指的左边有2根手指，右边有7根手指。

4.这个魔法的神奇之处就在于，你弯下的手指所代表的数字乘以9，就等于弯下手指的左边的手指数（作为十位数）和右边手指数（作为个位数）组合而成的数字。

乘法扑克

如果你对死记硬背或者前面提到的这些小魔术都不感兴趣，为了能够让你熟练掌握这些乘法口诀，只好帮你把它们都变成日常的小乐趣啦。下面讲的这些扑克游戏就是既能教会你乘法口诀，过程又轻松愉快的小游戏。

技能大提升

- 乘法运算能力
- 数字对比

游戏所需物品

- 一副没有花牌的扑克牌
- 纸和笔

怎么玩 "乘法大战（两人对战）"游戏

1.洗好牌以后，字面朝下地平均分给两位游戏参与者。

2.数3下以后，两人同时各翻一张牌。先说出这两张牌相乘所得数额的人赢得两张牌。比如，如果一个人翻出来的牌是6，另一个人翻出来的牌是5，那么，先说出30的人就能赢得这两张牌。

3.所有的牌都被翻开了游戏就结束。赢得牌数多的一方获胜。

怎么玩 “乘法大战（多人对战）” 游戏

1.洗好牌，把牌字面朝下地放在你们中间。大家先各自翻开两张牌。

2.按照座次，大家分别说出自己手中两张牌相乘的数字。等所有人都回答完毕以后，全部人都要把自己的两张牌亮出来，这样，大家就能检验有没有人算错。两张牌相乘后数字最大的一方能够赢回所有的牌。

3.继续玩这个游戏，直到牌发完为止。牌数最多的一方获胜。

怎么玩 “乘法钓鱼游戏”游戏

1.洗好扑克牌，给每位游戏参与者先发6张牌。将剩下的牌放在桌子中间。

2.这个游戏的玩法和扑克里的钓鱼游戏非常类似，区别在于当你要问对家是否有某张牌的时候不能直接说数字，而应该用乘法来提问。比如，你想问其他人手上是否有6，你就应该问：“你手上有2乘以3吗？”

3.如果被问到的人手里有这张牌，那他就要把牌给问的人，问的人就能把这一对牌放在一边。如果被问的人手里没有这张牌，那他就回答：“钓鱼吧！”问的人就可以从桌上剩下的牌里再拿一张。

4.直到任何一方手里没有牌了就结束。手上对子最多的一方获胜。

怎么玩 “乘法阶梯”游戏

1.这个游戏是所有乘法游戏里最需要动脑筋的，所以只适合对乘法口诀已经非常熟悉，并且比较有耐心的人玩儿。这个游戏会玩很长时间，因此长时间保持注意力集中也是很重要的。

2.指定一名记录员来记录每位游戏参与者的得分。给他两张纸和一支笔，先把所有游戏参与者的名字都写在一张纸上，然后在另一张纸上画一架梯子，把它放在桌子中间。

3.给每位游戏参与者先各发6张牌。这6张牌会自始至终在每个人的手上，既可以把它们摆出来，也可以字面朝下地不让其他人看到数字。反正这些牌既不会给别人，也不会减少。

4.将发剩下的牌放在中间，作为之后再起的底牌。

5.将剩下的这些底牌的第一张牌翻出来，放在桌子中间，把它作为梯子最底层的第一阶。这时，记录员要把牌的数字写在梯子的最下端（放在桌子中间的那张纸上）。

6.第一位游戏参与者先从桌子上的底牌拿起一张牌，然后对照自己手中已经有的6张牌，看看这张牌和哪张牌相乘后数字比第一阶上已经写下的最大数字更大。这步完成后，就把这个相乘后的数字作为第二阶上的数字。记录员就可以在第二阶上记下这个数字，并给这位游戏参与者记上1分。之后，把拿起的这张新牌再放回桌上底牌的最下面。

7.下一位游戏参与者同样从底牌上方翻出一张牌，再对照自己手里的6张牌，看看这张牌能不能和哪张牌相乘以后比第二阶上的数字更大。如果相乘后都比第二阶的数字小，那么就把自己翻出的牌放回底牌的最下面，轮到下一位游戏参与者。如果可以找到数字更大的，那就把相乘之后的数写在第三阶上，同时这个游戏参与者也可以记1分。

8.直到所有人都没办法再比最高那一阶所写的数字更大的时候，游戏就结束了。在最高这一阶写下数字的游戏参与者获胜。

除法扑克

扑克牌是练习乘法的极佳道具，但改良一下用来练习除法也是非常好的。玩这个游戏需要发挥一些创新能力，但整个过程会非常有趣，而且玩完以后你还会发现，不知不觉中自己竟然已经学会除法啦。

技能大提升

- 除法运算
- 数字对比
- 平均除数

- 余数

游戏所需物品

- 一副扑克牌

怎么玩 “1、2、3，开除”游戏

1.给每张花牌分配一个其所对应的数字，把数字写在牌上或者用一块小胶布贴在牌上再把数字写上去。在这个游戏里，我们规定A=1、K=13、Q=12、J=11。

2.洗好牌，将它们字面朝下地平分给两位游戏参与者。

3.数3下，每位游戏参与者要同时翻开两张牌。

4.一起看一看这4张牌，你们要尽量从中找到3张能够完成一次除法运算的牌。比如，如果一位游戏参与者翻出的是5和3两张牌，另一个游戏参与者翻出的是Q和4两张，那么，其中一位游戏参与者可以拿出4、3和Q来组成一个除法算式：12（Q）÷4=3。

5.首先找出能够构成除法运算，并且将相应的3张牌摆好的一方在本轮获胜。剩下的一张牌就归他所有，可以拿到下一轮再用。

6.当牌都用完了，或者再也不能进行任何除法运算的时候，游戏结束。

怎么玩 “除法的钓鱼”游戏

1.这个游戏和乘法的钓鱼游戏几乎一模一样。唯一不同的地方在于，不是用乘法算式去代替想要的牌数，而是用除法算式来表示想要的牌数。所以，比如一方想要找到能和自己手里的6配对的牌，那他就应该问：“你手上有18除以3吗？”或者也可以问：“你手上有12除以2吗？”

2.如果对方手上有这个数字的牌，就要把这张牌给提问者；如果没有，就回答“钓鱼吧”，提问者就可以重新起一张牌。

运算术语的头脑风暴

在进行具体数学运算的时候，让你觉得很困惑的可能根本不是数字的运算，而是描述有关运算类别的那些术语吧。对很多孩子来说，要想一听到运算术语就能立刻判断出

它的运算类别是有些困难的。但如果你知道什么词对应着什么运算类别，这类题目的难度就能大大降低了。事实上，的确有一些关键词语对应着不同的运算类别，等你学会它们，就能在做题时得到关键提示。这个“运算术语的头脑风暴”游戏就可以提高你在这方面的能力。

技能大提升

- 数学相关词汇
- 提高数学语言能力

游戏所需物品

- 马克笔
- 纸
- 胶带
- 计时器

数学运算里的基本词汇

加法	减法	乘法	除法
加	减	乘	除
加上	较少	乘以	分为
和	差异	乘积	分作
总共	拿走	相乘	除以
外加	与……分离	倍	……的一半
一起	少于	几组	部分
大于	减少	一番	每
除此之外	降低	3倍	商数
比……多	减去	每……一共	几组
增加	还剩下多少	2倍	平均
合计	下降到		

怎么玩 “运算术语的头脑风暴”游戏

1.你知道什么是数学语言吗？抛开数学语言里的数字运算，你觉得数学语言最难的地方是什么呢？对很多人来说，最难的地方大概就是很难分清题目要做的是什么运算吧。

2.不过，如果你知道该注意哪些神奇的词语，就可以轻而易举地解答这些数学题了。其实，每道用文字来描述的数学题里都有一些特定的词语或者词组能够对运算模式的类别做出提示。接下来我们要做的，就是尽可能地帮你多学会一些这类提示语。而且，大多数数学题还会包含很多有利于解答的必备信息。当你学会那些特定词语或者词组以后，还可以利用它们来获得更多的解题思路。

3.拿出4张纸，用胶带把它们贴在醒目又可以够到的地方。在纸上分别标上：加法、减法、乘法和除法。

4.请你想一想，有哪些词语是用来表示要把数字加起来的？你可以参考上一页表格里列举的词语。

5.把你想到的词语都写在加法这张纸上。写好后可以让家长或者小伙伴看一看，如果有缺漏的就补齐它们。接下来，拿起计时器，计时5分钟，请你想一想有哪些短语同样是表示数字相加的？想好以后也写在纸上。

6.用同样的方法把剩下3种运算方式的相关单词和短语也写出来。

7.全部写好以后，可以试着用这些单词或短语来出题。比如，用“除此以外”来出题：我买了3个苹果，除此以外，我还有4个苹果在厨房。请问，我一共有多少苹果？

游戏拓展

可以指定某个提示词，然后设计相关的数学题。

牙签减法

你应该早就知道，在两位数中，前面一位代表的是十位数，后面一位代表的是个位数，但你清楚它们之间的关系吗？要理解这种关系，对你来说是不是有点儿困难呢？现在有个好办法帮你理解它们，那就是亲眼见证！重组牙签的游戏就能让你亲眼看到，个位数是怎么变成十位数的，在减法运算中又是怎样借数相减的。

在接下来的游戏里，我们要用到“重组”这个词语，因为这个游戏涉及十位数和个位数这两组“位值”的加减转换。

技能大提升

- 位值
- 重组

游戏所需物品

- 牙签或者手工棒
- 橡皮圈
- 纸
- 马克笔
- 索引卡

怎么玩 “牙签与个位数、十位数”游戏

1.拿出两套索引卡，每套卡上一数一卡地写好从0到9的数字。再拿出一张纸，沿着长的一边对折，打开后，照着折痕用马克笔在纸上画出一条分界线，纸就被分成两栏。在右边一栏的最上面标上“个位数”，在左边一栏的最上面标上“十位数”，做好以后把这张纸先放到一边。

2.可以请家长帮你，也可以自己独立完成：用橡皮圈将10根牙签或手工棒绑在一起，做5～6个这样的牙签（手工棒）小捆。捆好以后，把它们也放到一边。

3.把其中一套索引卡依照标好的数字按照从小到大的顺序摆成一列（从上到下）。也就是说，标着0的卡片应该放在最上面，标着9的卡片应该放在同一列的最下面。然后，请你按照数字数出相应根数的牙签，把这些牙签放在对应数字的索引卡上。因为这些牙签数量都不满10根，所以它们不能被捆成一捆，只能分开单放。

4.把之前写好“个位数”和“十位数”的纸打开铺平放在桌上。请你看看这些卡片

应该对应放在纸上的哪一栏内。你应该知道吧，所有这些卡片都只能放在个位数这一栏里，因为它们都不满10根。如果你还是不明白，那就记住这一点：只有1捆10根的那些牙签才能放在十位数这一栏里。

5.现在你应该明白什么叫“1捆10根”了吧。不过，还需要检测一下你是不是真的弄懂了：请你在牙签小捆中拿一捆放在“十位数”一栏里，再说出它们是多少。答案是“10”对不对？接着，请拿起标着“1”的索引卡放在这捆牙签下。

6.你可以在十位数这一栏里写个“1”，为了将数字填完整，你还得在个位数这一栏里写个“0”。因为这个数字实际上由1个10和0组成。把标了“0”的索引卡放在个位数的这一栏里，你看两边的数字合在一起就表示数字10了。

7.请你用索引卡来表示“1个10再加1个1”。摆好以后，你也能看出该怎么写数字11了吧。接下来，请你把与它们对应数量的牙签放在卡片上，即1捆牙签放在十位数这边的卡上，再放1根牙签在个位数这边的卡上，这就是11。

怎么玩 “牙签上的加法”游戏

1.请你拿一张索引卡，在上面写上加号（+）。再把之前用过的标有“十位数”和“个位数”两栏的纸拿出来。在个位数一栏里，用索引卡摆出一个相加以后明显大于10的加法式子，比如9+2。

2.请你按照索引卡上的数字分别数出相应根数的牙签，将它们放在索引卡上。请问，现在的牙签数加起来够不够换1捆牙签小捆？注意，这里用的是“换”这个词，因为你在学校里学习的时候，老师用的也应该是这个词。它的意思是将两样东西进行等值交换。

3.可以用索引卡上的10根散牙签，换1捆牙签小捆。这1捆牙签就可以放入左边的“十位数”一栏里。剩下的1根牙签就应该留在“个位数”一栏里。请问，这个加法算式的答案是多少呢？是不是1个10加1个1呢？那你能不能用索引卡来表示这个答案呢？

怎么玩 “用重组玩减法”游戏

1.这个游戏仍要用到“个位数”和“十位数”的分栏纸，不过得加上一张标了减号（–）的索引卡。

2.重新出一道减法题，要求用十位数和个位数相减。开始的时候，可以写那些不用借数直接在个位上相减的算式，比如15–4。

3.轮到你用牙签来表示这些数字啦。按照索引卡上的数字数出对应的牙签，放在卡片上。在前面的这个例子中，你就应该放了1捆牙签在十位数一栏，再放1根牙签在个位数一栏。在涉及需要借数的减法运算之前，你可以先多多练习这一类略简单的减法运算。

4.我们这次出的题目是11–2，请按照算式中的数字摆出相应的牙签，然后试着解答这个题目。请问，现在个位数这边的牙签数足够用吗？为什么？

5.你还记得吧，在练习相加的时候，我们能够用10根牙签来换取1整捆牙签，相应地，有什么办法增加个位数这边的牙签数吗？如果你还是想不出来的话，那我告诉你吧，办法就是把捆好的牙签拆成散的个位数。只要拆开一捆，就会多出10根散的牙签，这样就能把它们和原本在个位数一栏的牙签合在一起，放在个位数这边了。

6.请你拆开1捆牙签，然后将它们移到个位数这一栏里，拿一张标着0的索引卡放在十位数这一栏里，用来提醒自己已经没有十位数了。接下来，请你完成11–2的运算吧。现在你知道答案了吗？你是怎么做的？

游戏拓展

设计一些借数相减之后所得答案仍是两位数的运算题，比如，可以试着算算21–9，看看你能不能做出正确的解答。还是要提醒你，做题目的时候，一定要记得在十位数一栏里放入与它数字相吻合的索引卡来提醒自己现在十位数上剩下的数字是多少。

CHAPTER 15

钱币

对孩子们来讲，钱就是一个让人头疼的概念，不光因为理解钱是什么或不会花钱，而且要区分各种硬币、纸币以及它们的面值，这实在太难了。况且，一提到用钱，就不得不提到找零和做预算两大问题。本章节设计的游戏，不仅能让你学会在真实生活中“用钱”，而且能教会你辨识各种硬币、纸币以及它们的面值等。

柠檬汽水小摊

天气炎热的时候，摆个小摊卖汽水，是个很棒的主意吧！可是，赚钱可不能光靠想，得做好计划，还得有一笔投资资金来把小摊摆起来。这个汽水小摊的算术游戏能让你提前尝尝鲜，感受一把生活中赚钱营生的魅力。

技能大提升

- 判断力
- 数学运算能力
- 金钱概念
- 计算手续费
- 计算盈利或亏损

游戏所需物品

- 纸和笔
- 计算器
- 去食品店采购

怎么玩 “柠檬汽水小摊”游戏

1.培养金钱观念的最佳办法就是找个“生意”做。请家长帮助你了解食材价格，带你去食品店考察一番。亲自对比看看，如果要摆摊卖柠檬汽水，是买新鲜的柠檬和糖自己制作汽水更划算呢，还是直接购买柠檬汽水的混合冲剂来制作汽水更划算。你要先搞清楚这些食材的价格，再把用新鲜食材制作汽水的成本与用混合冲剂制作汽水的成本相比较。

2.确定杯子大小和价格。你还得在食品店里对比价格后选定杯子的大小。这可不像看上去的那么简单，毕竟选择什么样的杯子是一个关系到生意盈亏的重要决定。得细致想一想选用多大的杯子才最符合成本效益。比如，如果买大号杯子，那么需要增加每杯汽水的价格吗？你觉得大多数人愿意买多大杯的汽水呢？不同大小的杯子对你的成本支出有多大的影响呢？

3.计算启动资金的数额。在你决定去采购货品之前，记得把原料的价格和杯子的价格相加，得到的总额才是所需要准备的采购货款。而且，在这个总价基础上，你还得另外再多准备些钱，这样才能够找零钱给客户。再有，你还得思考这样一些问题，比如，你打算给你的小摊做广告宣传吗？如果是，那你需要另外采购海报板吗？这一切的开支加在一起才是你该准备好的启动资金的数额。

4.现在，你得明白盈亏的概念了。当你清楚摆起这个汽水小摊首先得投入多少钱以后，还有一件很重要的事情，那就是赚钱——你一定要让自己赚到的钱多过你一开始投入的钱。

5.确定柠檬汽水的单价。请想一想，你打算每杯柠檬汽水卖多少钱呢？确定好单价以后就用启动资金的总额除以每杯汽水的单价，得到的数字就是如果你想赚回本钱，你最少得卖出的汽水杯数。确定每杯汽水的单价只是一个非常简单的数学运算，相信每个人都懂。比如，如果你花掉的启动资金是100元，打算每杯汽水定价1元，那么就是100（启动资金）÷1（汽水单价）=100（杯）。想要保本，你就需要卖出100杯汽水。

6.算一算想赚到既定金额的话，你需要卖出多少杯汽水。如果你已经算出了保本情况下你需要卖出多少杯汽水，那么现在你该算一算，想要赚钱的话，你的柠檬汽水要多卖多少杯。如果你已经很明确地知道自己想赚到多少钱，那么就可以用这个钱数除以汽水单价，再把这个数加在需要卖的汽水杯数上就可以了。也就是说，如果你的目标是赚20元，那么用这个数额除以汽水的单价，即20（目标利润）÷1（汽水单价）=20（杯），再加上保本杯数100就可以啦。

7.调整每杯汽水的单价。现在你应该发觉了吧，如果只卖1元1杯，那卖汽水的工作量实在太大了，所以接下来还得再玩玩数字游戏，来给这个大得不可理喻的工作量减减负。依照设定单价的不同，你还能顺便练习四舍五入的技能呢！比如，100（成本价）÷3.5（汽水单价）=28.57（杯），四舍五入后应该是29杯。如果每杯汽水单价调整为3.5元，那么你只需要卖出29杯就能够保本啦。而为了确保最后能赚到20元，计算方法就是：20（目标利润）÷3.5（汽水单价）=5.7（杯），四舍五入应该是6杯，你只需要卖出35杯就可以，这比120杯好多了吧！

8.你清楚了汽水的原料构成和单价，但做生意的准备工作还没结束哦！还有一些事情需要做：

- 如果客户需要买2杯汽水，你知道该收多少钱吗？
- 如果客户想买2杯汽水，他给了你10元钱，你该找他多少钱呢？
- 什么时候客户更多？是一天中的什么时间？在什么天气情况下呢？
- 你会查天气预报吗？这个可是很必要的技能哦。学会查天气预报就能够更合理地安排自己的户外活动，绝对是利大于弊的。

9.等你算完这一切，我们还得从财力和物力两个方面给这次活动算算账，看到底要不要执行它。比如，算一算一共可以赚回多少钱，用它们减去前期投入的成本，是赚了还是亏了？基于这个结果，再思考制作柠檬汽水、照看小摊、招待顾客等对你来说是轻而易举的呢，还是非常困难的呢？把这些因素综合考虑好以后，你就可以决定要不要真的把这个小摊摆起来啦。

游戏拓展

摆摊之前，你要学会怎么选择摊位地址。在工作日和周末的时候到想摆摊的地方去观察一下，看看一定时间内那里有多少车辆经过，人流量有多大，细致观察并且做下记录。这样，你就能确定什么时间在哪里摆摊生意可能最好。

麦芬烤杯中的硬币分类

当你最开始接触钱币的时候，那些大大小小的硬币一定让你很头疼吧，更别提还要记住每个硬币的面值了，为了提高你对真实钱币的大小、重量、花型等各方面的敏感度，玩这个游戏的时候最好使用真硬币。毕竟塑料的玩具硬币无论在重量还是外观上都不能和真币相提并论，而且麦芬烤杯的大小刚好很适合用来练习按照大小和面值给硬币分类。另外，这个游戏还能变出很多种不同的玩法呢！

技能大提升

- 金钱意识

- 辨识不同硬币的特征
- 了解各硬币的名称
- 认得出硬币的面值
- 分类能力

游戏所需物品

- 各种硬币，如1角、5角、1元等（放在零钱包或者储蓄罐里）
- 麦芬烤杯
- 麦芬纸杯垫
- 白纸
- 马克笔

怎么玩 “麦芬烤杯中的硬币分类”游戏

1.拿出准备好的硬币，每种硬币挑出1枚。你认不认识这些硬币呢？如果你说不出它们的名字，那么可以让爸爸妈妈帮助你，先了解它们的面额。然后依照面额的大小，从小到大依次排好。总之，在游戏开始的第一步，你要确保自己能说出每种硬币的面额。

2.把准备好的麦芬烤杯摆在桌上，按照硬币的不同类别，把准备好的硬币分别投入不同的烤杯里。

3.随意从这几个烤杯里拿出一枚硬币，快速说出这个硬币的面额。接下来，依次说出其他烤杯里硬币的面额。

4.以前你可能在书上、标志或者数学表格里看过这些钱的面额，但是很少看钱币上用印刷体表示面额的数字，接下来，我们就要训练你对这些印刷体数字的敏感度啦。拿出一张纸，在纸上分别写下各种硬币的面额，再拿出相应的硬币放在旁边，确认无误后，拿出马克笔，将这些硬币的名字分别写在麦芬纸杯垫上。

5.把写好硬币面额的杯垫放入相应的麦芬烤杯里。再一次按照面额给硬币分类吧。为了增加游戏难度，你也可以让父母或者小伙伴说出一些指令，让大家按照具体要求给这些硬币分类。

游戏拓展

你可以在麦芬纸杯垫上写下需要两种硬币相加的数额。比如，试着在杯垫上写下“6角”或者“1.1元”，然后将杯垫放在烤杯里，让其他参与游戏的人选择正确数额的硬币投入相应的烤杯里。

怎么玩 “换成面额大的硬币”游戏

1.分别在几个麦芬烤杯中放入以下面额不同的硬币：25枚1角硬币、15枚5角硬币、10枚1元硬币。

2.发给每位游戏参与者1枚1角硬币来进行游戏。

3.1号游戏参与者先开始旋转手里的硬币看看是“字”还是“花”。如果是“字”，那他就可以从烤杯里再拿出1枚1角硬币；如果是“花”，那就该让下一位游戏参与者转硬币了。

4.一旦游戏参与者手里有了5枚1角硬币，他就可以用这些硬币换1枚5角硬币。当他有2枚5角硬币后，他就可以换1枚1元硬币了，依次类推。

5.谁最先赚满5元钱，谁就获胜。

家庭便利店

学习认钱的一个大难点就是学会零钱和整钱的换算。对成年人来说，算账很轻松，尤其他们是用银行卡付账的话。对于孩子们而言，去便利店里买东西并不太难，但是付账确实让他们有些头疼。不过，如果在家里开起一家便利店，让你能够提前训练一番，相信付账找零对你来说就简单多了。

如果你还只是刚刚开始学会认钱，那么，游戏里就只使用硬币好了。如果你对钱币的各种面值已经了解得差不多了，那么你还可以尝试在游戏中加入一些大额面值的钱币。这样一来，你下次再帮妈妈去购物的话，付钱过程就会顺畅多啦！

技能大提升

- 清点钱币
- 运用加减法计算钱币金额
- 认识钱币的各种面值
- 学会找零

游戏所需物品

- 钱（真钱或者自己画的假钱都可以）
- 索引卡或者标签纸
- 马克笔
- 计算器
- 能够“买卖”的商品
- 桌子

怎么玩 “家庭便利店”游戏

1.在家中清理出一块区域当作“便利店”，再把准备好的商品摆进去。这些商品可以是新的、特别的小玩意，也可以是你的玩具或者家里现有的任何东西。

2.用索引卡或者标签纸给每款商品标好价格。注意，价格尽量不要写成用一张整钱或者一枚硬币就能买到的价格。比如，付钱买一个2元钱的商品很简单，但是要付钱买一个7.3元的商品就得多动动脑子了。

3.摆好一张桌子，在上面放一个计算器和一些零钱。这个就是你的“收银台”，同时也是你的“小金库”。

4.给每位小伙伴发总额10～15元的硬币。开始游戏之前，你们要先明确游戏规则：可以买任何想买的东西，但只能一样一样地分开付账。而且付账的时候必须用数额刚好的钱一次付清，不设找零。如果手中的零钱不够，可以用手中的整钱从“小金库”里换出等额的零钱。

5.按照这个规则，大家先来换零钱，看看自己找零钱和数钱的能力如何。

6.换一换规则，接下来大家轮流来当“收银员”。这时候，买东西的人不用按照价格一件件地付账，而是用大额纸币一并付费，由“收银员”负责找零。

7.如果你们的“收银员”还不会加减总额，可以用计算器帮助他将要找零的数额用计算器算出来。问一问：“计算器上显示的价格是多少？你可以找这么多零钱给我吗？”

游戏拓展

可以给家里你每日常用的物品都贴上价格表，比如书籍、玩具、卡通光碟等。给每个人分发一些模拟钱币，每次要使用这些物品的时候都要付出相同的费用。这样试一试之后，请你思考一下：发给你的这些钱够你一整天的开支吗？为什么呢？怎么能够让这些钱足够支付一天的开支呢？如果和兄弟姐妹或者朋友们共同观看一张卡通光碟，大家平摊费用会不会有所帮助呢？

预算豆豆

仔细回想一下，你有没有要求过爸爸妈妈给你买一些他们可能负担不起的东西呢？当你被告知爸爸妈妈也没有钱的时候，你是不是说过让他们去银行取的话？其实，很多孩子可能都有这样的误解，以为银行的钱是可以随便取用的。实际的情况是，爸爸妈妈放在银行里的钱是用于生活开支的专用钱款。这个“预算豆豆”游戏就能帮助你建立正确的金钱观念，让你明白在很多时候“钱”都是得省着花的。

技能大提升

- 预算能力
- 金钱观念
- 明白金钱的价值

游戏所需物品

- 2～6位游戏参与者

- 糖豆或者干豆子
- 豆豆预算表（参考下文列举的表格）
- 纸和笔
- 计时器

豆豆预算表

衣	食	住	娱乐	其他支出
哥哥姐姐或其他人的衣服=0	家里烹制=1	住自家房子=0	逛公园、看电视、和朋友玩耍=0	养宠物=1
旧货店买的衣服=1	每周吃一次外卖=2	租住单间=1	收看付费节目=1	用手机=2
全新的非名牌衣物=2	每天吃一顿外卖=3	租住套间=2	看演唱会、看电影、参观博物馆等=2	用网络=3
全新的名牌衣物=3	每顿都吃外卖=4	贷款买房=3	外出度假=3	开车=4

怎么玩 “预算豆豆”游戏

1.将参加游戏的小伙伴们分成两个家庭（两组）。每个家庭分发20粒豆豆，告诉他们这些豆豆就是每个月能够赚到的用来支付日常开支的所有钱的总额。再给每个家庭发一张列好的豆豆预算表，要包含衣、食、住、娱乐和其他支出。

2.家庭里的开支要由全体成员一起决定，而且每一大类必须最少选择一项。除此以外，还得保留最少3颗豆豆的存款以备不时之需。因为所有的开支都需要全组人员一起决定，建议你们一起讨论它们各自的优点和缺点。

3.打开计时器，每个家庭设定10分钟的时间来让大家决定每月的花销。一定要确保支出在预算以内，并能维持正常的家庭生活。

4.当限定时间到了以后，可以相互讨论彼此家庭做出决定的原因。比如，你们可以这样提问：

- 你们（对方家庭）是怎么判断各种物品的重要性的？
- 你们有没有花钱买过一些不那么必需，却是自己特别想要的东西呢？
- 你们有放弃过买一些特别想买的东西吗？为什么？
- 那些不花豆豆或者花很少豆豆的选项有什么缺点吗？

- 你们觉得要省下3颗豆豆困难吗？
- 你觉得这个游戏对现实生活和真实的金钱来说有什么启示吗？

游戏拓展

在玩这个游戏的时候，可以加上一些附加条件。比如，每个家庭需增添一些必要的花销，如购买牙套或者尿布等，并且将存款金额设成自愿。这样玩一轮以后，你们再来讨论这种改变是怎样影响你们的支出决定的。

CHAPTER 16

度量和分数

你生活的这个大千世界充满了度量和分数。人们会在一起说着某个人有多高，什么物品有多重，某种声音有多大，等等。度量和分数这两种数学概念能让你在见到真人真物之前，就在脑海中形成相应的印象。但是，想要掌握并灵活运用分数，你首先得明白度量的概念。本章列举的这些活动不但能让你学会度量的基本概念，还可以让你掌握那些与生活息息相关的“局部”和标准的度量单位等。

回形针软尺

当你刚刚开始学习长、宽、高等一些度量单位的时候，那些用来描述它们的词语听起来就像一门外语一样令人费解。对成年人来说，看一眼厨房的微波炉，他们能猜到微波炉大约有40厘米长。但是你可能只能看出它比电饭煲更长、比豆浆机更高一些而已。用回形针来测量某物相当于确定了一种比对物，能够帮助你更好地理解使用标准度量单位的必要性。

技能大提升

- 度量能力
- 精细动作能力
- 使用非标准的度量单位的能力
- 学习并能辨别度量类的相关词汇

游戏所需物品

- 若干回形针
- 纸
- 铅笔
- 胶水
- 剪刀
- 硬纸板

游戏前的准备

1.我们得熟悉与度量有关的词汇。当然，你也可能早就在不知不觉中使用它们了。不过，你还是可以借用家里的一些家具来和父母或者小伙伴们聊一聊度量的单位。比如，你觉得家里的凳子比桌子更高吗？或者桌子是不是比厨房的灶台更长呢？还有，你自己比书架要矮一些吗……

2.当你们讨论完以后，请你回想一下，在刚刚的对话中，当聊到物品的大小、高矮、轻重等方面时，你们用的是什么词语？是的，这些词语其实就是与度量有关的词语。

3.你们要练习的重点是与重量和长度有关的词语。因为在接下来的游戏中，需要指出物品有多长、多短或者多高、多矮，而这些词语都和物体的重量、长度有关。

4.掌握对比物体的方法。拿出一张纸，将它剪成长短各异的纸条，请你按照纸条的长度，由短到长依次摆好。请思考，你是怎么找到最长的那张纸条的。

5.说说看，最长的纸条比最短的那张长多少？如果你的身旁有人，或许你可以将两张纸条放在一起，指着它们说：“看，长这么多。”但是，你想告诉不在旁边的人这件事，你该怎么说呢？对了，当我们把东西拿来比较的时候，我们就得用一种大家都能理解的方式去测量它们。想想看，如果你告诉别人，其中一张纸条就像你自己的两根手指那么长，另一张像两个脚指头那么长，听的人就完全不能进行正确的长度比较了。但如果你用回形针、豆子等大小相对固定的东西来描述，那么，你所说的比较结果就容易让别人理解了。

怎么玩 “回形针软尺”游戏

1.拿出准备好的回形针。请你从中拿出几枚，比较一下，它们的高矮都是一样的吗？请你思考一下，我们要怎么做才能用回形针来描述纸条的长度呢？对，我们需要将回形针放在纸条旁边，或者直接放在纸条上，从下到上比对，看纸条相当于多少枚回形针的长度。

2.请你用这个办法测量出所有纸条的长度。每测好一张纸条，请你用铅笔在纸条上写下它相当于多少枚回形针的长度。请注意，一定记得“数量”的后面加上回形针的“单位”。这样，别人就不必再问测量纸条长度所使用的工具了，而且这种测量方式还能重复使用。

3.制作一个回形针测量工具。现在，你知道其实用回形针也可以来比较不同物体的长（高）度了吧。那就把它做成一个测量工具吧。让家长教你怎么把回形针串在一起成为“长链”，然后自己动手，用20～25枚回形针做一把“软尺”，用来测量物品的长或者高吧。

4.从硬纸板上剪下一个窄窄的长条，然后拿出10枚回形针，把它们一个紧挨着一个地从长条的最左边贴到最右边。这个可以充当你的“直尺”，用来测量一些较短的物品。

5.开始测量你的家吧。你可以用下列两种方式中的任意一种来测量：第一种，让家长为你开出一张“测量清单”，即在白纸上写下他们需要你测量的物品的名称；第二种，自己开一张“测量清单”，即在白纸上写下你想测量的物品的名称。任选一种你喜欢的，然后拿着这张清单，带着铅笔和你的测量工具，开始测量你的家吧，测好以后记得记录下结果哦！

游戏拓展

这里必须要为你解释标准的度量工具和非标准的度量工具间的差异：用回形针测量物体没有任何问题，但全世界的人都不用回形针来当作测量工具，所以它们只是一种非标准的度量工具。标准的度量工具是指那些被大部分人所使用的工具。这也就是为什么我们一般都会说你的身高是××厘米，而不说你的身高是××枚回形针。

量一量你的家庭成员

现在，你已经对测量这件事情不太陌生了吧。接下来，我们可是要用家庭来作为练习测量的对象哦。而且，通过这个游戏，你就能明白使用标准度量单位有多么重要了。只要有足够的空间，不管室内还是室外，以及一些自愿参与的玩伴们，你就可以开始这个测量家庭成员的游戏了。

技能大提升

- 度量能力
- 精细动作能力
- 使用非标准的度量单位的能力
- 辨识与度量相关的词汇

游戏所需物品

- 彩色粉笔

- 干净平整的地方（或者一些厚的防水纸）
- 尺子
- 卷尺
- 回形针、积木、玩具车或者其他大小一致的小物件
- 马克笔

怎么玩 **“量一量你的家庭成员”游戏**

1.在户外找一片空地，大小足够让所有参与者都能躺在地上。如果你实在找不到这样大的空地也没关系，可以用一张大的厚防水纸来代替。

2.请你平躺在地上，胳膊放在身体两侧，手掌朝下贴着地面，手指张开，将脚分别指向两侧。

3.让家人用粉笔把你身体的轮廓画在地面上。画完之后，站起身的时候注意尽量不要蹭掉粉笔印，然后用粉笔把你的名字写在轮廓里面。重复这样的方法，把家里每一个人的轮廓都画下来，并写好名字。

4.给每一位参与的家庭成员指派一种测量的参照物品。比如，可以指派自己用积木作为工具来测量，妈妈用回形针来测量等。

5.给每一个参与的家庭成员指派一种测量的任务。最简单的办法就是从简单的任务做起。比如测量腿长、身高、手指长度、手掌宽度等。给每一个人一种不同颜色的粉笔，然后指派他们去完成一种测量任务。

6.测好数据以后，就把测出来的数量和所使用的测量工具的名称写在轮廓的相应位置。比如，如果你用积木测量出自己轮廓的身高是15块积木，那么，就在你的轮廓印记上写下“身高=15块积木”。

7.等所有人都完成测量和记录的任务，请你看一看地上记下的数字，为什么这些数字都不一样呢？请你认真思考一下。你也明白了，对吗？数字不一样，是因为在测量它们的时候使用的大部分测量工具自身的大小不一样。还记得这些长度不一致的测量单位被称作什么吗？对，就是非标准度量工具。

8.拿出准备好的所有物品，请你仔细辨认其中有没有使用标准度量单位的测量工

具。比如，尺子或卷尺等。它们就是专门用来测量高度和长度的标准度量工具。请你拿着它们去请教家长，学一学尺子或卷尺上的标记是什么意思，该怎么使用。

9.请用这些使用标准度量单位的工具再次测量吧。如果你有多个尺子或卷尺，那你们测量的速度就快多啦。不过，无论有没有，每个人都应该依次再用尺子重新测量并且记下相应的结果。请你对比一下，看看使用标准度量单位以后，数字上发生了什么改变。

游戏拓展

可以借用家庭成员本身来巩固关于使用标准度量单位的必要性的概念。你们可以对比一下，室外的这个空间长多少个“爸爸”或“妈妈”，又长多少个“小孩”？然后，你就可以对比思考，为什么室外空间的大小并没有改变，但是测出的数字却完全不同。

饼干小块

对你而言，分数可不是一个简单易懂的概念。想要弄明白如何将一个整数切分成几个分数，的确不容易。但是，如果你能看到将整数切分成几个分数的全过程，那么理解起分数的概念来就会简单易懂得多。因此，这个游戏里不仅有你爱的美食，还能教会你把数学融进生活，趣味多多呢！

技能大提升

- 理解整体或整数的概念
- 理解局部或分数的概念
- 辨识分数
- 等分

游戏所需物品

- 6～12块又大又软的圆形软饼干（糖饼就很合适）
- 刀

- 一张纸和一支铅笔，或者一块白板和一支白板笔

怎么玩 “饼干小块”游戏

1.装几块饼干在盘子里。数一数共有几块饼干。请在白纸或者白板上画出相应数量的圆圈，每个圆圈代表一块饼干。在每个圆圈的下方写下数字“1”，表示这些完整的圆圈就代表着一块块完整的饼干。

2.拿起一块饼干将它切成两半。现在，请你再数一数，盘子里一共有几块饼干？请问，现在盘子里饼干的总数量改变了吗？什么改变了？

3.请你思考，切成两半的饼干和其他饼干之间有什么不同呢？对，你应该能很快看出它们的不同就在于切开的饼干被分成了两个小块，而其他饼干还是一整块的。那么，你能回答我，这些小块饼干能构成一整块饼干吗？

4.仔细看一看，被切成两半的饼干其实还是能组成一整块饼干的，对不对？区别只在于现在这一整块饼干被分成了两个小块。那么，请你在圆圈上也画一条直线，用来表示饼干被切开的刀痕。看一看，现在这个圆圈被分成了几块？现在，你应该明白了，每一小块其实就是代表着整体的一半。好了，请你从盘子里拿走半块饼干。

5.我们刚刚从盘子里拿走了半块饼干。既然一整块饼干是由两个半块组成的，那么，拿走的这半块饼干就是两个半块其中的一块。请你先写下“$\frac{1}{2}$”这个分数，它读作“二分之一”，其中的横线就表示“几分之几”，相当于总数中的几块，在这里指总数两小块中的一块。

6.把拿出的这半块饼干再放回去，将另一块饼干平均切成4小块。请你数一数，要组成一整块饼干需要多少个这样的小块？接下来，请你从新切的饼干中拿走一小块，用分数表示剩下的饼干小块的数量。

7.提示一下：既然分数中的横线相当于“其中”，把新切的饼干中能组成一整块的所有小块的数目总和写在横线的下方，眼前看得到的块数写在横线上方，那么正确的答案就该是$\frac{3}{4}$。你能写一写表示被拿走的那一小块的分数吗？是的，正确答案就是$\frac{1}{4}$。请将之前拿出来的这一小块放回盘中。记住，在分数中，横线上方的数字叫作“分子”，

横线下方的数字叫作“分母”。

8.请你认真观察切好的这些饼干小块。请问，既然4小块饼干能组成一整块，而两个半块同样能组成一整块饼干，那么4小块中的多少块饼干相当于两个半块中的1块饼干呢？你可以拿起切好的这些饼干相互比较，也可以将它们上下叠放在一起比较大小，直到你知道答案为止。你是不是也发现了它们是相等的呢？

9.这是为什么呢？因为不管我们把饼干切成多少个小块，最终所有的小块加在一起就是一整块饼干。一些更小的小块相互加在一起，与那些略大些的小块们相互相加的饼干大小是一致的。

游戏拓展

将剩下的饼干切成多个均等的小块。然后用分数来和小伙伴们玩游戏吧，让对方拿起$\frac{1}{8}$块饼干或者$\frac{3}{4}$块饼干。当你们完全理解了分数的含义以后，不妨倒一杯牛奶来温习关于几分之几的知识吧！这样你就能再次享受分数带给你的乐趣了。

厨房算术

其实，爸爸妈妈每天在厨房里花掉的时间远比他们希望的要多得多。如果你愿意的话，也可以走进厨房当个小帮手，这样不仅能增加一些和他们相处的时间，而且能训练自己的算术能力。从练习排序到训练测量，小小的厨房里其实有着远超制作食物的大大的乐趣。

技能大提升

- 排序能力
- 测量能力
- 序数
- 估算能力
- 乘法运算

游戏所需物品

- 量杯和量勺
- 索引卡
- 剪贴画或者关于一般厨房构成部分和器具的照片
- 胶水
- 计算器（非必要）

怎么玩 “序列排起来”游戏

1.请拿出一组量杯或者量勺，把它们打乱顺序，放在厨房的操作台上。当父母在厨房做饭或者清扫时，你可以在旁边对量杯或者量勺进行排序。你可以从大到小排也可以从小到大排，什么顺序都可以。不过当你排好之后，你需要明白一件事情：当这些量杯或者量勺用于测量的时候，容量最小的那种量具经过累加也能量出与更大容量量具相同的物品。

2.序数是指那些在一组序列中用来表示前后次序的词语，比如在清单中的第1项、第2项、第3项、第4项、第5项等就是序数。这些数字是用来表示它们在各自序列中的次序的。你还可以借机训练运用序数，比如将小物品放入第1个杯子，或者将第2个勺子放在第3个勺子里等。

怎么玩 “食谱漫画”游戏

如果要让你对做饭感兴趣，最简单的办法莫过于用漫画的方式告诉你该怎么烹饪一道菜，每一步的先后顺序是什么。一般来说，漫画主要是用图画的形式来描述一些事情。它还有一个功能，就是用来教你学会阅读：先用图画来替代或者表示一些你不太熟悉的文字或习语，再让你拿它们和相应的文字进行比对，然后就能学会将文字和它们对应的图片内容相匹配。为了制作一个食谱漫画，我们需要给食谱中的每一个步骤都制作一张卡片。对于还不会做饭的你来说，食谱的制作部分当然要请家里的厨艺高手来帮助你完成啦。如果你不想自己制作这些卡片，也可以在网站上下载一些简单食谱的漫画。

1.请家长将食谱的内容大致讲解给你听。接着，请你将所需食材的图片分别贴在每张索引卡上，并且清楚标明各种食材所需要的用量。比如，如果你需要2杯面粉，你的索引卡上就应该贴上1袋面粉的图片，并在旁边画上2个量杯，再在量杯的最大容量处用箭头做个标记，表示需要满满的2杯面粉。

2.请家长协助你在每张图片的下方用文字标明食材的名称和所需食材的数量。并且按照制作的先后顺序标注好步骤。接下来，就该按照这个步骤，独立整理食材的使用顺序了。

3.将相应的食材准备好，摆在桌上，根据卡片的指引说明，试一试亲手制作一顿美食吧！

怎么玩 "厨房测量"游戏

1.是时候来探索厨房的测量工具啦。厨房里有各种各样的测量工具，小到量勺、量杯，大到厨房秤等。你可以请求家长允许你在厨房看一看这些东西，同时试试你能不能独立读懂这些量具上的标记和各种英文缩写的含义。如果你实在不懂它们是什么意思，没关系，可以虚心请教，让爸爸妈妈教教你每个刻度代表的意思和每个字母表示的含义。这些测量工具能够帮助我们在做饭的时候把握好各种食材的分量。

2.了解各种测量工具间的大小关系。首先，你得试着回答以下问题，看看你对测量工具的大小关系有没有基本的了解：你觉得要几个一半量杯的量相当于一满量杯的量？你觉得几茶匙的水相当于一汤匙的量？几汤匙的水相当于一满杯的量呢？当你用目测的方式预估之后，还要实际动手操作一遍，看看它们之间真实的量化关系是怎样的。方法很简单：准备一碗水或者一些面粉，利用这些工具来测一测，看看刚才你估算的量是否准确。

3.说一说掌握各种测量工具的大小关系在实际烹饪过程中的用处。如果你是大孩子，一定很快就能弄明白，其实一满杯和两份一半量杯的量，或一汤匙和两勺一半汤匙的量是完全一致的。当你能够明白这个道理以后，在实际操作中，即便你想做的量和菜谱中描述的不同，你也能灵活运用厨房工具进行准确操作啦。比如说，我只想做食谱所说的一半的量。如果食谱上面写需用2杯面粉，那这个时候我实际该加多少面粉呢?

怎么玩 “吃了多少份”游戏

在爸爸妈妈的指引下，按照食谱制作双份或者半份的食品。如果你还不会进行乘除运算。没关系，你可以利用量勺或量杯等工具来测出它们有几份。

你可能从来没有注意到食品外包装的营养标注栏里不仅写明了食物的热量和碳水化合物含量，而且标注了一袋食物可供几人食用，以及每一人份的食用量是多少。下次，当你抓起一把薯条或者饼干的时候，不妨先找到食品包装袋上印着的一次食用量，再据此估算自己吃了多少分量吧。

试着说出4～5人份的薯条应该是多少。如果你能回答得出来，那么，假装你现在要招待5个好朋友，他们每个人都想吃2人份的薯条，那么，你需要准备多少薯条？一包薯条能够满足这样的食用需求量吗？如果不够，你觉得还需要再买几包薯条呢?

CHAPTER 17

探索并体验世界的奇妙

当你有意识地观察世界并且积极地想改变什么东西的时候，其实就已经踏上科学探索之旅了。探索科学，并不像你想象中那般高深。在探索之初，能够调动尽可能多的感官，用一些新奇的、好玩的方式来探索并体验周围的世界是非常重要的。本章所介绍的这些方法说不定还会引导你成为未来的科学家呢！

有手感和气味的画作

我们体验世界的一个重要方式就是调动尽可能多的感官去感受，让每一次的体验都既丰富又强烈。普通的绘画一般只使用视觉（如果是手指画，还会运用触觉），今天我们玩的游戏是能够摸出来和闻气味的漫画，以此训练你的触觉和嗅觉能力。下面介绍的这两种绘画游戏所需的物品都很容易准备，说不定你家里就有呢。而且当作品完成之后，你不仅能靠视觉欣赏它们的美，还能闻到它们的气味呢。

以下列举的颜料——饮料冲剂和明胶粉在画画时各有优缺点。用饮料冲剂的粉末混合作画，能产生更加香浓的气味和更艳丽多彩的颜色，却很容易染脏衣物。用明胶粉来作画既需要用明胶粉和食用色素按照正确的比例调配，又得确保它的持久性和明亮度，十分麻烦，但这种方式的优点是可以同时训练触觉的敏感度。

技能大提升

- 精细动作能力
- 感知觉能力

游戏所需物品

- 各种颜色相对明亮的袋装饮料冲剂（橘色、红色、蓝色、紫色等）
- 水
- 食用色素
- 制作甜点用的明胶粉（比如，颜色漂亮的果冻粉），需要各种口味和颜色的各准备一些
- 胶水
- 小杯子
- 画笔
- 略厚实一些的纸（水彩纸最佳，硬卡纸或者书写纸也可以）
- 铅笔
- 记号笔

游戏前的准备：如何用饮料冲剂制作颜料

每种颜色的饮料冲剂各拿1～2袋，撕开后倒入塑料杯里。慢慢地向杯子里倒入水，边倒边搅，直到你觉得杯子里的浓度和颜色达到你想要的状态为止。如果你觉得它不够浓稠，还可以往杯子里加入透明的胶水让它变得更浓。

游戏前的准备：如何用明胶粉制作颜料

1.各种颜色的明胶粉需要分别使用不同的杯子，把2汤匙的明胶粉和2汤匙的温水混合。如果你希望配出的颜料颜色更加明亮，可以往杯子里滴入一两滴食用色素。搅拌均匀，再加入4～5滴胶水，搅拌均匀。加入胶水是为了让大颗粒能贴在纸上，这样就让画作不仅能散发浓郁的气味，还能有不同的“触感”。

2.如果你用明胶粉作画，那最后可能会有一些小颗粒沉到杯子底部。在你完成画作之后，记得用画笔在杯子底部刷一刷，将沉在底部的颗粒物粘在画笔上，再将它们涂在画作上来增加作品的气味和触感。

怎么玩 “有手感和气味的画作”游戏

1.先想出一种色彩明亮且有着香浓气味的东西，比如某种花或某种你喜欢的水果。

2.取出准备好的水彩纸和铅笔，把你想好的东西画出来。如果你觉得很难下笔，没关系，可以让家长用大碗装一些水果或者用花瓶插几朵花摆放在你的面前，对照着“模特”来画就简单多了。

3.草图画好以后，用记号笔（不褪色的）把图画的轮廓再描一遍（可擦除的记号笔遇水以后会掉色）。这样一来，哪些地方要涂上色彩就更一目了然了。

4.把调制好的散发着香气的“颜料”拿出来，再拿出几支画笔，闻一闻每个杯子里的气味，将你认为气味最符合作画对象的颜色涂在你的作品上。拿起你的画笔，来完成你的大作吧！

5.涂色完成以后，把画纸铺平晾干。这个过程可能需要比用一般颜料画的作品晾干更长的时间。不过，等到画作干透以后，你就可以用手指在画作的表面轻抚来感受它的触感啦。

酸、甜、咸，还有苦

说起食物，可能有些味道你非常喜欢，但也有一些味道是你再也不想吃第二次的。你不难想到吃它们时的感觉，但如果让你用对应的词语来给它们分类，可能还是会有一点儿为难吧？现在，我们一起来玩玩味觉测试的游戏，它实在太有趣了：不仅能检测出舌头的什么部位对哪种味道敏感，还能让你学会正确区分不同类别的味道，比如酸、咸、甜，还有苦。一般来说，舌尖对甜味最敏感，舌头偏后的地方对酸味敏感，舌尖两侧的前半部分对咸味敏感，舌根对苦味敏感。再和其他感官综合在一起，能帮助你体验出更丰富的味道，尝到更复杂的口感。这一系列的游戏不仅能很好地训练你遵照步骤进行科学研究，还能提升你在一步一步的实验过程中的观察能力和认知能力。

技能大提升

- 敏锐的观察力
- 辨识味道的能力
- 积累与味道相关的词汇
- 绘制味蕾地图的能力

游戏所需物品

- 白纸
- 红色铅笔
- 黑色马克笔
- 塑料杯
- 水
- 糖
- 盐
- 柠檬汁
- 汤力水（添加奎宁成分的气泡饮料）
- 牙签或者手工棒

- 蒙眼用的绷带或者布条

提出你的猜想

1.在开始实验之前，你得先明白，我们做这些事情的目的是区分各种味道，以及它们在我们舌头上分别对应哪个味觉区域。当然，玩这个游戏之前，你还得学会一些关于味道的词语，比如咸味、甜味、酸味还有苦味。光听得懂这些词还不够，你得想一想这些味道分别有哪些代表性的食物。如果你实在想不出来或者不能理解，那就带着书去问问爸爸妈妈，他们一定能帮到你。

2.伸出舌头，照着镜子，看看你能不能回答这几个问题：

- 你觉得舌头上凸出的这些小隆起有什么用？
- 你知道它们的名字吗？
- 你觉得它们被称作“味蕾”的理由是什么？

3.现在，你得很认真地思考一下，当你吃最喜欢的食物和那些最不喜欢的食物时，你的舌头在做什么？它有什么不同吗？思考好了吧，现在，是时候由你来提出你的猜想或者假设啦。也就是说，你觉得通过这个实验，你会发现舌头和不同的味道之间存在怎样的关联？你所想到的结论就是你提出的“猜想”，或者说打算进行验证的想法。不过，有件很重要的事情你得明白，在实验中，为了区分不同区域的味蕾对不同味道的敏感度，我们将会用牙签或者小手工棒来接触舌头上的各个区域，其中也包括舌根部位。但抵住舌根部位很容易产生呕吐反应，如果你很容易产生呕吐反应，建议你找一位志愿者来做味觉测验的测试者，你来担任记录者即可。

怎么玩 “舌头地图”游戏

1.拿出白纸和红色铅笔，在纸上画出你舌头的形状。注意，暂时不要给它上色，画好后将纸放在一边。

2.拿4个塑料杯依次摆开，在每个杯子旁放一张纸。倒一点儿柠檬汁（酸味）在第一个杯子中，倒一点儿汤力水（苦味）在第二个杯子中。至于另外两个杯子，分别倒入糖水和盐水，确保它们的味道很甜和很咸。接下来，在每张对应的纸上写下杯中液体的名字，不过暂时不要把它们的味道写上去，然后将纸压在杯底。

3.请你将杯子的顺序打乱，然后拿起一根牙签或者手工棒，蘸上杯中的液体之后把它放在你的舌尖上。你尝到什么味道了吗？如果尝到了，是什么味道？

4.再在同一个杯子里蘸一蘸，把它分别放在舌头的两侧、表面以及舌根部。一旦你尝出了味道，请你确认是舌头的哪个部位对这种味道感受最强烈，然后找出写有这个液体名字的纸，把这种味道的名字——注意不是液体的名字——写在你之前画好的舌头的相应部位。

5.用水漱漱口，再用同样的方法将剩下的三种液体也逐一测试一遍。

6.完成你所画的“舌头地图”，把各种味道填写在相应的部位。如果你喜欢，还可以在舌头上画一些味蕾，当然也可以将舌头涂成肉粉色，让它看上去像真的一样。

怎么玩 “盲人辨味”游戏

游戏步骤

1.这个部分需要让家长来协助你完成。它可以帮助你明确其他感官在你用舌头品尝味道的时候扮演了怎样的角色。接下来，家长会蒙上你的双眼，再手把手地帮你用舌头辨认各种味道。不要担心或者害怕，在整个过程中，家长都会很明确地告诉你他们接下来会做些什么。

2.请你在板凳上坐好，再用布条蒙住双眼。剩下的部分让爸爸妈妈对照书本的指引完成：将一根筷子插入液体中，同时用语言解说给你听。现在，需要你来判断液体是什么味道。爸爸妈妈将筷子递给你，让你用筷子在舌头上水平方向画圈，并问：“你能确定这是什么味道吗？它尝起来像什么？”

3.漱漱口，再用同样的步骤检测剩下的液体。

4.摘下布条，请你捏住鼻子，再用同样的步骤检测味道。

观察与提问

请问，这些游戏能够回答你先前提出的猜想吗？能够回答或不能回答的理由是什么？

- 请问舌头上的什么部位对苦味特别敏感？酸味呢？甜味呢？咸味呢？
- 舌头上是否存在能够同时辨别出两种不同味道的区域呢？
- 舌头上是否存在完全不能辨别任何味道的区域呢？

- 你觉得所有人舌头上的味蕾分布都是一样的吗？你认为要怎么做才能验证这个说法呢？
- 当你被蒙上眼睛以后，你对接下来要品尝的东西感到紧张了吗？
- 你觉得被蒙上眼睛以后，品尝味道变得更难了还是更容易了？
- 当你把鼻子捏住以后，你感到什么不同了吗？这个不同是什么呢？

游戏拓展

为了加强味蕾区域的相关知识，可以让家长来尝不同的味道，你来帮他们画他们的“舌头地图”。

练习你的精细动作

精细动作伴随着你生活的每时每刻，比如穿鞋子、叠衣服，甚至刷牙，你都需要用到这种能力。不仅如此，它还是帮助你探究周围世界的重要“助手”。不过，良好的精细动作控制能力并没有那么容易掌握，而将提升这种能力的训练游戏分解在每一天的探索活动中，不仅能让你更好地感知世界，还能很好地锻炼相关能力。

技能大提升

- 基本的精细动作能力
- 写作技能
- 良好的运动控制能力
- 使用剪刀的能力
- 对感觉的探究能力

游戏所需物品

- 儿童安全剪刀或者塑料小刀
- 旧报纸、广告传单和一些废旧纸张
- 黏土或者培乐多手工彩泥

- 小的塑料玩具、弹珠，或硬币
- 镊子
- 大米
- 谷物圈
- 小的塑料碗或塑料杯
- 水
- 点眼药器或者医用滴管
- 橡皮泥
- 马克笔
- 胶带

怎么玩“画线”游戏

写和画其实需要很多精细动作方面的支持。画一条笔直的直线和模仿手写字体一样都很困难。如果你现在还不会握铅笔，那么可以先从握比较粗的马克笔或者彩笔开始。如果你已经是学龄儿童，但握笔的姿势却不太正确，那么，我要郑重地提醒你：要尽早纠正自己的握笔姿势！什么姿势是错误的呢？比如，握住笔的手像一个拳头一样，整个手紧紧地包在铅笔上；或者五指都抓在铅笔上……这些姿势都是错误的。

- 请家长给你买一本连点成线的游戏书吧！多做上面的练习，你就能逐步提高画线能力。可以先将一部分点连起来，直到最后训练出能画线条的能力。

- 让爸爸妈妈给你架一块黑板或者白板，这样你就能在它上面练习从上到下画线条。如果你家里没有黑板或者白板也没关系，将一张大纸贴在墙上就可以了。注意，高度不要超过你水平视线的高度。等你完全掌握从上到下画线条的技巧之后，可以尝试练习从左往右画线条。

- 玩一组接龙绘画的游戏吧！先在画纸上画一些简单的线条、形状，或者一些复杂的线条（比如弧线、波浪线、穗状线等），依次在已有图形上加上新的线条或者形状，用以创造出新的画作。一直持续这样做，直到纸上再没有任何空间。

怎么玩 “橡皮泥藏宝”游戏

1.把准备好的小塑料玩具、弹珠或者硬币分别藏进橡皮泥里，把橡皮泥搓成圆球。确保橡皮泥完全包裹住里面的物品，以防从外面看出里面有什么物品。

2.随意拿起一个搓好的橡皮泥球，请你一手握住这个小球，再用另一只手的手指将小球上的橡皮泥拨开，取出里面藏着的物品。

3.如果你有一起玩的小伙伴，可以尝试放些对方不知道的小物品在里面。这样，你们在挖宝的时候就能有更大的惊喜了。

怎么玩 “黏土大变身”游戏

1.玩黏土或者培乐多手工彩泥能够在一定程度上锻炼你的精细运动能力。你可以用手掌将它们搓成小球或蛇一样的长条，这些都能够很好地锻炼你的手指灵活力。

2.为了更好地锻炼手部肌肉的协调能力，你可以借助一些小工具，比如用安全剪刀或者塑料小刀来切割压好的黏土厚板，或让爸爸妈妈教你怎么用手指“掐”断黏土。但是，你已经是个懂事的“小大人”了，对不对？要知道，这个动作可不能对人做哦。

怎么玩 “报纸球”游戏

1.你可以挑战报纸球的投篮游戏，规定每次投进垃圾桶的球都是自己现做的新“球”。可以准备一些旧报纸，然后将这些报纸一张张地分开。

2.当所有的报纸都分成单张之后，让爸爸妈妈给你演示如何单手将报纸揉搓成紧实的小球。你要尝试自己用单手揉搓出报纸球，注意如果谁不小心用双手揉球，那这轮他就输了。

怎么玩 “家政小帮手”游戏

家里进行大扫除或者清洗窗户的时候，请你在喷壶里装入一些水，然后主动帮助家人打扫卫生。化身小小窗户清洗员（注意安全哦），或者洒水工。尽管你有可能把水洒得到处都是，但要知道，按压喷水壶开关的这个动作能够实实在在地提升你的精细运动能力哦。

切、扭和撕的另类玩法

有时候，一些看上去完全像在搞破坏的行为，实际上却能让你获益良多。比如撕掉、扭曲还有剪断的动作其实都是训练我们精细动作能力的极佳方式。

撕：让爸爸妈妈为你演示如何将报纸撕成纸条。把双手并排放在报纸的最上端，将你两手的拇指都放在报纸的正面，其他手指握住报纸的另一面。手指捏紧报纸，再将两手向相反方向拉开（一只手靠近自己，另一手远离自己）。这样，报纸会从中间被你撕开。

扭：请将撕下的报纸纸条收集起来。拿起其中最长的那一条，一手握住一端将纸条水平拿好。拿的姿势和撕报纸时的姿势是一样的，不过，现在我们不是向相反方向撕它们，而是向相反方向扭它们（这个动作看起来就像拧毛巾一样）。如果你扭得足够彻底——多扭几圈后，纸条就变成小木棍了。

剪：变身成“人工碎纸机”吧！请你准备好一把儿童安全剪刀和一些废旧的广告传单或不需要的旧报纸。确定找来的这些东西是家人不需要的废旧物品，请把它们剪成小碎片，用直剪、弯剪甚至是穗式边缘的花式剪法都可以。因为这个游戏的目的是训练握剪刀的能力，所以过程中要注意保持握剪刀姿势的正确。同时，剪纸的时候如果需要改变角度，注意不要转动报纸，而应该转动剪刀。

怎么玩 “搬运工竞赛”游戏

你们以前可能玩过接力赛吧，但这些比赛比的一般是跑步或者其他体育项目。这些游戏能很好地促进你们大肌肉的发展。为了更好地锻炼精细动作能力，我们今天要进行的搬运工竞赛会选取一些小小的道具来完成游戏。以下列举了一些你可以尝试的方式。

- 大米竞赛：将一把大米分装在两个小塑料碗或者塑料杯中。发给参与游戏的两位选手一人一杯米和一把镊子。在两人中间放一个空碗，参赛的两位选手同时开始用镊子将自己杯内的大米夹到空碗中，最先运完自己碗内大米的一方获胜。如果用镊子夹大米对你们来说太难了，那么你们也可以用谷物圈来代替大米。

- 水滴竞赛：将两个杯内都装入1/4的水。发给每位参赛选手一人一个装了水的杯子、一个空杯，还有一个点眼药器或者医用滴管。谁先将自己杯里的水全部运到空杯中，谁就获胜。

衣架天平

探索世界其实也包括发现事物与事物之间的关联性，尽管有些时候它们并不明显。有些时候，一个物体与另一个物体的关联性可能就是多少件这样的物体相当于一个另外的物体。比如，如果你知道1头成年蓝鲸的重量相当于15辆校车的重量，那么，你的头脑里就能想象出蓝鲸可能有多重。尽管如此，在现实生活中，你家不但没有蓝鲸，也没有校车，而且家里也实在不具备称量其中任何一项重量的能力，最好的游戏方法是利用我们已经有的物品来称重，如做一个衣架天平就是帮你对比物品重量的最简易的方式。

技能大提升

- 比较和对比差异的能力
- 估算能力
- 测量能力

游戏所需物品

- 有凹槽的塑料衣架
- 毛线
- 单孔打孔器
- 两个完全一致的纸杯
- 剪刀
- 卷尺
- 有色胶带

游戏前的准备：制作“天平”

1.剪出两段毛线，每段长约60厘米。确保两根线的长度完全一致。

2.在两个纸杯杯口下方的位置以及和它对称的位置各做一个记号。尽可能地让这两个记号处在除了方向相反外，高度几乎完全一样的地方。用单孔打孔器在做好记号的地方打好孔。

3.拿出一个带有凹槽的塑料衣架（那种可以用来晾晒有肩带的衣物的衣架）。可以将它挂在球形门把手处，或者墙上的挂钩处，也可以挂在类似晾衣竿的铁架子上。

4.拿出一根毛线，将线的一端穿进杯子的一个小孔中。在杯子内侧给线打个结，让它不会从小孔滑落出去。然后，将线从旁边绕过衣架的顶部，再缠绕在一侧的凹槽里。将线拉直，把它的另外一端穿进杯子的另一个小孔中，再在杯内打好结。

5.同样的办法，用另一根毛线把另一个纸杯系在衣架的对侧凹槽内。注意，两个杯子悬挂后的高度必须完全一致。如果它们看上去不一样高，那你得重新系一次，直到它们完全一致为止。

6.将两个杯子摆正放稳。直到它们不再摇晃且看上去平衡了以后，用一小段有色胶带贴住凹槽里的毛线，这样将线固定在凹槽处。

7.试着检测下你做好的天平吧。你可以在两个杯子里分别放上一枚等值的硬币。然后，再在其中一个杯子里加放一枚硬币。这个时候，你就会看到天平会倒向放了两枚硬币的那一边。

怎么玩 “衣架天平”游戏

天平已经做好了，游戏时间到！可以先用自己的玩具来了解、观察一下天平的工作原理。然后，你还可以根据下面的指引，进行更多的探索。试着根据下面的问题，来探索你的世界吧！

- 你觉得哪些东西可以用来当作测重砝码？（比如，硬币、弹珠或者其他重量固定的东西。）
- 你怎么判断哪一边的物体更重？
- 你觉得两边的杯子为什么会上下晃动？

- 你觉得毛线挂在衣架的不同地方会对天平产生影响吗？为什么？
- 一辆玩具小车相当于多少枚硬币的重量？
- 一个战士小人相当于多少枚硬币的重量？
- 一枚硬币比一只婴儿鞋轻还是重？

生命科学

许多不同的科学分支都包含广义上的生命科学，涉及对生命及各种生物的研究，以及生物之间、生物与环境之间的相互关系探究等。尽管目前你可能还没有成为一名生物学家的想法，但在细心观察身边事物的时候，你就已经是一位科学探索者了。本章所介绍的这些游戏，将为你的生物探索增添一臂之力，让你更好地了解生物。这些生物中还包括你自己。

到动物园里去学习

动物园可不仅仅是郊游的理想去处，它还是个学习生命科学的好地方。在这里，你不仅有机会看到各种在书本之外难得一见的动物们，还可以近距离地观察它们的生活习性、栖息地点，了解不同动物的族群类别等。下面就让我来告诉你，怎样将自己变身成一位业余动物学家吧！

技能大提升

- 观察力
- 匹配能力
- 辨识栖息地的意识
- 对动物进行分类的能力

游戏所需物品

- 几种供儿童阅读的动物方面的书籍
- 笔记本和铅笔

怎么玩 "我要看的动物清单"游戏

1.如果你已经对家里的宠物或者卡通里的动物感到很熟悉了，那么在去动物园之前不妨多了解一些不同种类的动物吧。在准备去动物园游玩之前，花几天时间，坐下来看一看介绍动物的书，按照顺序依次读一遍。

2.在你的笔记本上列出一张想到动物园去看的动物的名单，按照顺序依次写好。去动物园的时候就带着这个笔记本，每找到一个动物就在名单上划去它的名字。

3.找到相应的动物时，还要记得给家长或者小伙伴们讲解一下，这个动物和照片上看到的相比有什么异同。

怎么玩 "谁家的宝贝"游戏

1.这个游戏的目的在于教你认识各类动物的小宝贝，让你知道动物们是如何抚育各自的小宝贝的。不过，在你准备动身去动物园之前，还需要先读一读相关的书籍，通过书本提前了解动物家长和动物宝贝的知识，尤其要了解各种动物的小宝贝分别叫什么名字。

2.将你读到的相关知识记录在笔记本上。带着笔记本去动物园，让爸爸妈妈或小伙伴来考考你，看你还记得哪些动物宝贝的名字。

3.参观结束以后，记得要和家长或者小伙伴说一说，你所观察到的动物是怎样照料它们的小宝贝的。同时，试着和爸爸妈妈照料你的方式进行对比。

怎么玩 **“斑点、条纹和颜色”游戏**

1.立刻能让你和你的小伙伴们感兴趣的清点动物的方式就是：记录下每个人看到的带有斑点、条纹或者特定颜色的动物的种类数。

2.将你的笔记本贡献出来，给参与游戏的每一位成员都分发一张纸。当看到带有斑点、条纹或者特定颜色的动物时，请他在纸张上画一条横线当作记录。

3.动物园之旅结束以后，画出的横线最多的成员获胜。

动物们的栖息地和适应能力

随着年龄的增长，你将会对动物以及它们的习性有更深入的理解。因为在成长的各个时期，你都会有很多机会去了解生活在不同环境中的动物，熟悉它们的习性，明白这些动物是如何适应它们赖以生存的环境的。

所有的动物栖息地——不管这些地方位于哪里，都至少具备这五点：在那里，动物们能够获取食物、水，以及容身之所、空气，可以安全地抚育后代。

栖息地的含义

提到“环境”，你是不是更容易想到环保意识和天气呢？但现在我们所说的环境，是指动物们生存的地方。栖息地就是让动物们得以生存的某种特定的环境。这么说吧，即便是在家里的这个环境中，也形成了不同类型的“栖息地”，比如你的房间以及兄弟姐妹的房间等。想一想，每个人房间里的设施和布置都不同，对不对？这其实是为了满足生活在里面的人的个人需要。

同样地，动物们为了生活得健康、舒适，在地形、天气、植被等方面也需要满足自身不同的需求。当你能够理解这些以后，再去动物园时你就能够更好地观察动物栖息地的异同了。你还可以和同行的伙伴或者家长聊一聊以下这些问题：你觉得为什么住着爬虫类动物的地方湿度都很高？为什么住着狮子的地方都有很多遮挡，十分适合它们闲逛呢？

怎么玩 “一切都为了适应”游戏

1.适应性是相对复杂的概念，但既然你已经能够理解栖息地了，那么这个概念对你来说就会变得相对容易理解一些。在去动物园之前，你肯定会看一些生活在动物园里的动物的图片，试着总结一下这些动物的特性和家养的小猫、小狗之间有什么不同之处。

2.想一想，为什么斑马身上会长着条纹呢？或者为什么长颈鹿长着长长的脖子呢？思考这些问题能让你的小脑袋里形成一个概念：所有这些改变与进化都与动物的适应性有关。在你的动物园笔记本上列举出一张有关适应性的清单，去动物园的时候注意观察哪些动物身上有它们“存在”。

3.拿出你的笔记本，至少列举一种动物，按照下列内容将它的“小档案”整理好，再猜想一下这些特性是怎样帮助动物们在大自然中生存下去的。你可以从以下这几个方面找一找有哪些适应性改变：

- 动物的躯体外形有什么特点？（长、圆、瘦小、壮硕等）
- 动物的尾巴有什么特点？
- 动物身上长有特定的图案吗？（条纹、斑点等）
- 动物身上的颜色是鲜艳的还是暗淡的？
- 动物的腿有什么特点？
- 动物的脚有什么特点？（带蹄的、有蹼的、大的、小的等）
- 动物的牙齿有什么特点？（锋利的、平整的、长而尖的等）
- 动物的嘴有什么特点？
- 动物身上覆盖着的是毛皮、羽毛、鳞片，还是裸露的皮肤？

- 动物长着外壳吗？
- 动物的眼睛有多大？
- 动物长着脚蹼、鳍、翅膀、对生拇指或爪子吗？

后院的自然日记

写自然日记不仅能让你对周围的世界保持敏锐的观察力，而且有助于提高你的探究能力和写作能力。当你带着自己的自然日记在户外停留的时候，一定要睁大你的双眼去观察身边的动物和植物，打开你的双耳去聆听大自然的声音，用心感受大自然的气息。将大自然对你心境、情绪的影响细致地记录下来。

这个游戏其实可以算作为其他自然探究活动而做的准备工作。因为不管是哪种自然探究活动，第一步都是整理记录相关数据，所以游戏里要求记录的这本自然日志，以后还可以尝试一些新的用途。

技能大提升

- 科学观察能力
- 数据记录能力
- 描写能力

游戏所需物品

- 8～10张约30厘米×40厘米大的素描垫板纸或者其他中等厚度的纸张
- 20厘米～25厘米长的相对笔直的木棍
- 尺子
- 笔
- 厚且密的松紧带
- 数码相机或者能拍照的手机
- 剪刀
- 胶水

- 马克笔

游戏前的准备：制作你的日记

1.走到户外，去寻找制作日记所需要的一些自然元素吧。首先，你要找到一根结实而干燥的、外形基本笔直的木棍。它的长度应该和你手腕到手肘的长度差不多，并且不能太粗（直径一定不要超过7.6厘米）。如果你在地上只能找到更长一些的棍子，也没关系，你只要按照所需长度将它折断即可。在找的过程中，你一定要时刻记住，对大自然要怀有感激之心，不要肆意破坏。当你与这个世界交流互动的时候，要学会只做大自然的观察者，不要留下任何人为痕迹。比如，当你为制作日记而寻找木棍的时候，就应该在地上寻找，而不是爬上大树去折断树枝。

2.回想一下，在户外的那片天地里，有没有哪种花草曾特别引起过你的注意。如果有，可以自己或者让家长帮助你给它们拍张照片。接下来，你可以把它们的照片冲印出来，作为这本自然日志的封面图片。

3.将捡回的木棍先放在一边。把准备好的所有纸张摞在一起，对齐边缘放好。注意，长度要大于高度，然后将它们左右对折。

4.令折线在左侧，纸张翻折开口在右侧。拿出尺子和笔，在距离底部大约6厘米的地方用笔在折线上画好记号。同样，在距离顶部大约6厘米的折线上画好记号。

5.用剪刀在两个折线记号处分别剪出一个三角形的小口。如果一叠纸摞在一起厚得无法用剪刀剪，那么你可能需要将它们分成几次剪。

6.将木棍放在折线外侧，将松紧带套在木棍的顶端，再慢慢往下滑至与折线上方开口处齐平的位置。

7.不要将松紧带从木棍上取下，而是将它还能活动的一端从小口里穿进去。

8.将从上方小口里穿进去的松紧带用力向下拉，并从下方开好的小口穿出，将穿出的这段紧紧地套在木棍的底端。现在，我们成功利用小棍和松紧带将纸张固定在了一起，这本自然日记也算装订好了。

9.将之前拍好的照片冲印出来，略加裁剪之后，你就可以将它贴在小本上，成为你的日记的封面照啦。在其他的页面中，你也可以随自己的喜好，用一些与自然相关的图片来装饰它们。

怎么玩 “自然界的神探”游戏

1.大部分孩子都对解开谜团之类的事情怀有莫大的热情，相信你也很喜欢吧！我们做的自然日记其实就是一件类似性质的事情。今天的户外活动可不仅仅是外出玩耍，而是要变成一位自然界的神探，用心去看，用心去听，去发掘自然的奥秘。

2.出门之前，你可以带上一个小容器或者袋子，这样就可以把你找到的有趣的“线索”装好带回家，方便你在家中进行更细致的研究。等你研究之后，就打开自然日记，将发现的内容写下来。或者你也可以参考以下问题，把答案记在日记本上：

- 你可以描绘一种你今天听到过的声音吗？然后，请你猜想它是什么发出的声音？
- 你看到发出这种声音的动物或者物体了吗？
- 你觉得今天找到的这些“线索”里有没有非常重要的呢？它重要或者不太重要的原因是什么？你觉得它们分别表示什么含义？

玩转自然日记的其他方式

玩转自然日记的最佳方式之一就是拿着你的日记本，坐在户外的某个地方，把你看到的美景亲笔画在日记本上。其实，你也很喜欢这个主意对不对！每周至少一次，选一个你喜欢的地方，坐在那里将你周围的场景用素描或者文字的方式记录下来。随着时间的推移，翻翻日记本，你就能通过自己从前画下的素描或者写下的文字看到你生活着的这片土地上的四季更迭和天气变化。当然，除了这种方式以外，你还可以用以下方式来玩转你的自然日记：

- 把花朵或者树叶压平，夹在日记本中。
- 把小松果、小石子、羽毛、贝壳或者其他小物贴在日记本里。
- 把听过的各种声音列举在日记中。
- 把你见过的动物或者植物画成图画（或者拍成照片），并在图片旁边补充一段文字，将你对它们的发现进行简要说明。
- 把树皮或者树叶做成拓片。

- 将小动物的活动痕迹画下来或者做成小模型。
- 统计已探察区域的研究数据、内容等。
- 记录对于自然主义者们所写文章的思考，或者摘录与自然相关的美好词句。
- 绘制植物或花朵的图样。
- 记载种植植物的计划，并将种子的样品或者种子的包装袋贴在旁边。

气球饲育所

饲育所就是一个缩小版的生态系统，是帮助你了解生态系统运作方式的绝好途径。一个生态系统就像住着很多有机体的小社区，它们会在这个环境里共同生存、相互影响。生态系统一般都很脆弱：如果其中某种有机体或者一部分环境因素发生改变，便会给其他生存在其中的有机体造成致命的伤害。有些生态系统很大，比如一整片森林；有些生态系统则略小，比如我们今天要做的气球饲育所。

技能大提升

- 进行科学猜想
- 科学研究方法
- 基本理解生态系统相关概念

游戏所需物品

- 大号的透明或者半透明气球（准备2～3个，以防气球破损）
- 漏斗
- 量杯
- 盆栽土
- 水
- 草籽、萝卜种子或者其他能够快速生长的植物种子均可
- 一段绳子或者松紧带

提出你的猜想

1.当你准备好实验所需的全部材料以后，请你认真地思考一下：当我们把所有这些东西都装进去，再把气球封好口以后，气球里面会发生什么呢？

2.请在实验开始之前，提出你的猜想吧。你觉得自己会看到什么？你希望发生什么事情？为了让实验进行得更顺利，你觉得最好把这个气球饲育所放在哪里呢？

3.把这些猜想一一记录下来，等到实验真正开始以后，你就可以把它和真实发生的情况进行对比了。

怎么玩 “气球饲育所”游戏

制作步骤

1.将气球反复地吹几次，这样能够让它稍稍拉松一些。然后，转移到厨房的水槽里来做剩下的步骤，因为这样做能让清理工作更为方便且又紧邻水源。

2.用量杯量出约半杯的盆栽土，再量出1/4杯的水。

3.抓住气球接近吹气口的位置，把漏斗从气球口插进去。将套着漏斗的气球口握紧，小心地把量好的盆栽土倒进气球里。倒完之后，要把漏斗和气球略摇一摇，确保所有的盆栽土都落到气球的底部。

4.慢慢地往气球里加水，水的量只需将泥土打湿即可，千万不能过多。

5.抓一小把种子装入气球里，再小心地取下漏斗，继续捏住气球的吹气口。

6.小心地清除粘在气球外面或者吹气口处的泥土。

7.把气球竖直拿好，再慢慢地向里面吹气，尽量保持泥土和种子都处在气球的底部。如果气球侧倾，会把它两边的内壁弄脏，这样就会给你观察生态系统的过程增加难度。

8.在气球的吹气口处打个结，再用一段绳子或者松紧带将吹气口处系紧。

9.把做好的气球饲育所挂在窗下或者其他靠近自然光源的地方。

观察与提问

在接下来的一段时间里，你的气球饲育所将会发生一些奇妙的事情。请你认真观察，并将发生的所有事情一一记录下来。根据你的观察和记录，请参考下面的这些问题，来整理你的观察所得：

- 气球内壁上发生了什么？
- 你觉得这些小水滴为什么会出现在那里？
- 那些水滴为什么又消失了？
- 你觉得什么时候能看到湿气，什么时候看不到？这种现象的出现与消失存在什么规律吗？
- 气球里出现的这种水循环是否让你联想到自然界中的一些事情呢？
- 泥土里发生了什么？
- 你种的植物开始生长了吗？

真相大揭秘

由于这个气球饲育所实际上是一个封闭的生态系统，它内部的水被持续性地利用起来。这一过程是依靠水循环的不同状态来完成的。当饲育所被日光照射而温度升高时，里面的水就会变成水蒸气。一旦温度降低，它们又会变成液体状态，像“雨”一样落在饲育所内部，被泥土吸收。最终，正在生长的植物根茎吸收了土中的水分和其他营养素，开始生长。

小小听诊器

在你的小小世界里，自己的身体以及身体的运作机制对你来说一定都是妙不可言的。或许，你早就注意到了自己心脏的跳动，也许还曾在听诊室里或者用玩具听诊器听到过几次心跳的声音吧。现在，我们将用许多不同的材质来制作听诊器。这个游戏能让你亲耳听到在休息或者运动的时候，心脏跳动的频率是完全不同的。不仅如此，这个游戏还能把不同材质传导声音上的性能差异直观地展示给你看。用气球充当鼓膜，可以放大声波的振动幅度，让你听到更加清晰的心跳声。如果你想感受在没有“鼓膜”的情况下与之前有何差异，可以最后再做一个不加气球的听诊器。记住，和医生使用的专业听诊器不同，我们做的这种听诊器的听筒只能放在耳朵边上，千万不要塞进耳朵里。在你动手制作之前，请务必明确这一点。

技能大提升

- 精细动作能力
- 科学调查能力
- 掌握声音传递的基本知识

游戏所需物品

- 厨房纸巾的管筒，或一根约30厘米长的干燥通风管，或一根约30厘米长的旧浇水软管，或一根约30厘米长的塑料管
- 2个小漏斗
- 管道胶带
- 中号大小的气球
- 剪刀

提出你的猜想

1.你还记得在医院的听诊室里，医生是用什么工具来听病人的心跳声吗？医生用的就是听诊器。至于医生为什么要用这个东西来听，你可以问问家长或者自己到书中寻找答案。现在，来准备前面说的这些材料吧！你将利用它们动手做一个属于你自己的听诊器。不过，开始之前，你得想想，这些材料要怎么组装才能成为一个听诊器。

2.如果你毫无头绪，没关系，试着回答下面这两个问题，你可能就有头绪了：

- 听诊器的工作原理是什么？
- 是什么原理让人在用它听心跳声时比直接用耳朵来听心跳声更加清晰呢？

怎么玩 “小小听诊器”游戏

用干燥通风管或厨房纸巾管筒制作听诊器

1.拿起一个漏斗，将它细细的颈部插进干燥通风管或者厨房纸巾管筒的尾端。把漏

斗尽可能塞紧些，让管壁和漏斗紧密地连在一起。

2.用管道胶带将漏斗固定好。

3.拿起气球，用手指拉几下气球或向气球里吹几口气，帮助它“放松”。

4.剪掉气球细细的吹气口，将剩下的部分套牢在漏斗上。注意气球一定要拉紧，就像鼓皮那样，再用胶带把它贴牢固定。

5.你只需要把管子的另一端贴近耳朵，把漏斗放在你的胸前，就能听见自己的心跳声了。

用塑料管或者浇水软管制作听诊器

1.确保准备好的浇水软管或者塑料管的切面是平整的，切口不能有任何的尖角。

2.将漏斗的细颈插入准备好的管子的一端里，用力向下塞，让漏斗与管壁尽可能紧密闭合，再用胶带将它们绑紧。

3.再拿一个漏斗，用同样的办法把这个漏斗插进管子的另一端，用胶带封好。

4.将气球吹起来，好让它的伸缩性更好。再把气球里的气放掉，剪下气球的吹气口。

5.将气球剩下的部分拉开，套在其中一个漏斗上，待表面被拉平绷直后用胶带固定。

6.把没有覆盖气球的开放的漏斗放在你的耳朵边，将另一个覆盖气球的漏斗放在自己的胸前，就可以听到心跳声了。

观察与提问

听诊器都做好以后，就轮到你来测试它们的性能啦。参考以下这些问题，来试试不同材质的听诊器的优缺点吧！

- 你听到了什么？
- 不同材质的听诊器，听到的声音有什么区别？
- 效果最好的是哪一种？
- 你觉得气球起到了什么作用？
- 你觉得为什么用听诊器来听心跳声比不用它效果更好呢？

接下来，请你用效果最好的这个听诊器细细地听一听你的心跳声，数一数心脏在1分钟内跳动了多少次，并记下这个数字。然后，用同样的方法测一测爸爸妈妈的心跳数。之后，请你在原地跑几分钟，再一次记录你的心跳数，请问：

- 运动之后你的心跳数变了吗？
- 你觉得改变的原因是什么？
- 你的心跳数和爸爸妈妈的一样吗？
- 你认为造成这种差异的原因可能是什么呢？
- 你的心跳比爸爸妈妈快还是慢呢？

真相大揭秘

这个游戏中其实有两个要点：

第一，为什么用听诊器听心跳声更加清晰呢？因为它能够扩大声波，而且听诊器的管子也起到了防止声音向其他方向扩散的作用。

第二，一般来说，你的心跳会比家长的心跳更快，而非有些人认为的那样——正在长身体的小朋友没有已经发育完全的成年人心跳快。你心跳更快的原因是儿童的新陈代谢率要高于成年人。尽管一个块头更大的人看上去的确需要心跳得更快才能维系他的血液循环，但在你长身体的过程中，你的心脏也正在变得愈发强健，更有效率了。

游戏拓展

如果你用干燥的通风管做了一个听诊器，可以试着把管子折成不同的形状来测试它的性能。测一测，在哪一种形状下，心跳声听得最清楚呢？

CHAPTER 19

电力和磁力

电力和磁力是最让孩子们（包括成人）着迷的两种力量之一。说起这些肉眼根本看不到的小粒子，竟然能够为我们点亮整个房间，还能够让东西牢牢地贴在冰箱门上……听起来是不是就像魔法一样神奇？本章列举的游戏能让你对这些神奇的力量多一些了解，同时，也能帮你积累一些如何利用它们的实践经验。

柠檬时钟

作为一名成长在环保意识越来越强化的新时代青少年，你对类似节能灯泡或者混合动力车之类的产品肯定不会太陌生。制作一个依靠柠檬来运转的时钟，既能有效强化“替代能源其实随处可寻”这一理念，同时也能让你在愉快的游戏中学会关于电力和导电材料的知识。注意，尽管使用弹簧夹对这个实验来说是最佳选择，但也只能在当钟内的电池终端留有足够大的空间且能被卡住的情况下才可以。如果空间不够大，你就需要请家长或在家长帮助下用绝缘胶带把电线和电池两端分别连接起来。

技能大提升

- 科学态度
- 掌握电力运作的基本概念
- 探究导电材料

游戏所需物品

- 2只大个的柠檬或其他柑橘类水果
- 3根铜线（每根约30厘米长）
- 2枚铜币或者2根铜钉
- 2根大号镀锌锌钉（最少5厘米长）
- 靠电池驱动的钟（要求装单个电池的、再无其他动力驱动的类型）
- 2个弹簧夹（导电的）或者绝缘胶带
- 5号电池
- 纸和笔
- 不褪色的马克笔

游戏前的准备：预习有关电力、电子和电池的知识

仔细观察5号电池，细心的你一定能看到，在电池的两端分别标着“+”和“–”，这就是电池的正负两极。想要了解更多的话，你还可以把时钟里装电池的地方打开，仔细观察，可以看到那里也同样标注着正极和负极的符号。

当正极和负极通过特定材质的东西传导被连通以后，电子就能够在正负两极游走了。能够传导电子，让正负两极相互连通的东西就叫作“导体”，锌和铜等一些材料相较其他材质具有更好的导电性。当两种不同的金属材料分别被制成两极，电子就会遵照相同方向从一端传送到另外一端，电流就产生了。

采用电池供电的设备，在电池依照正负极被正确放置在电池安装处后，正负两极就会相互连通，从而形成电路。而这会触发电池内部的化学反应从而产生电流。当然，这一系列反应只有在电池安装正确的情况下才会发生。

当导电材质的东西被浸入酸性的溶液或者果汁里（如含有我们在柑橘类水果里发现的成分），它们也会产生一种化学反应。这种反应能破坏金属的结构，同时向溶液里释放电子。

提出一种假设

1.再次温习电力、电子和电池的相关知识，确保自己已经了解电池和电流传导的基本原理，然后按照要求准备好相关物品。现在，我们马上要做一个不需要使用电池的时钟啦。

2.细致辨认已经备好的物品材料，用名称加材质的方式将它们逐一辨认一遍（例如，分辨哪些是铜钉，哪些是锌钉等），思考如果把这些材料都连接在一起将会发生什么。

3.开动脑筋想一想，我们需要怎么做，这样做了以后又会发生什么？把你的想法用简单的图示画下来，将其作为你的计划和实验前提出的假设。

怎么玩 “柠檬时钟”游戏

制作步骤

1.请你取出一根铜丝，将它的一端在锌钉的钉头下面紧紧绕圈，缠好。铜丝的另外一端连接一个小弹簧夹。如果你没有弹簧夹也没关系，让铜丝另一端空着也可以。

2.再取出一根铜丝，将它的一端缠绕在铜钉上（如果你使用的是5角的硬币，也可以利用绝缘胶带把它们连接在一起）。同样，在这根铜丝的另一端也连上一个小弹簧夹。如果你没有弹簧夹，就让铜丝的另一端空着也可以。

3.取出第三根铜丝，将它的一端与另外一颗锌钉子相连，另一端和另外一颗铜钉子（或者5角硬币）相连。

4.把这些物品先妥善地放在旁边，我们现在要做柠檬了。拿起准备好的不褪色的马克笔，在两只柠檬上分别写上1和2以示区分。接下来你需要给柠檬“松松骨”啦，你可以拿着柠檬在桌上滚一滚，适当略微压一压它的果肉，在不撕破柠檬皮的情况下让它内部的果肉更松散些，使柠檬内部产生更多的汁液。

5.将柠檬1号和柠檬2号并排放在桌上。拿起缠着锌钉的这根铜丝，把钉子插入柠檬1号里。注意，钉子必须刺破柠檬皮并且插在柠檬的果肉上，但千万不要将柠檬刺穿。

6.拿起缠着铜钉的铜丝，将铜钉刺进柠檬2号里（或者在柠檬上割一道深一些的口子，将硬币插入其中）。

7.拿起一端连着铜钉、一端连着锌钉的铜丝，将锌钉插入柠檬2号里，要与之前已经插好的铜钉或者硬币相隔约3厘米的距离。把另一端的铜钉或者硬币插入柠檬1号里，同样要与之前插入的锌钉子相隔约3厘米的距离。

8.将柠檬1号上的铜丝和时钟上装电池的部分连接起来：如果你的铜丝上缠着弹簧片，就将弹簧片接在电池装置的一个端口上；如果没有弹簧片，就用绝缘胶带将铜丝贴牢在电池装置的一个端口上。用同样的办法将柠檬2号上的铜丝与电池装置的另一个端口连接起来，这样电路就装置完成了。连好以后，时钟应该就能正常工作了。如果时钟还是没有走，那就有可能是因为线路的某个部分松动了；或是连接时钟的两根铜丝缠绕的是相同材质的金属；再有就是柠檬产生的电流实在太弱了，以至于不能满足时钟工作的需求。如果你能确保所有的线路连接都是正确的，那么，不妨将柠檬换成土豆试试看吧！

观察与提问

- 你觉得我们为什么要使用锌钉和铜钉？
- 为什么时钟可以工作了呢？
- 为什么我们要将柠檬1号和柠檬2号连接起来呢？

- 连好线路以后的柠檬和电池之间有什么相同点？
- 柠檬里的什么物质让它可以导电呢？
- 你认为还有其他哪些食物也可以导电吗？

真相大揭秘

当你把锌和铜插入柠檬里，它们就会产生一种化学反应，从而将化学的能量转化成电能。这种能量的转化即为电反应，也正是这种反应让柠檬变成了一个有电的电池。这种化学反应在铜丝的各端不断地发生并产生电子，又因为铜丝两端连接的材质都是不同的，这就让电流得以遵照相同的方向从一端传向另外一端，从而形成电流。它们以环状的方式运行着，由铜丝传到时钟的一个端口上，再从时钟另一个端口传回柠檬。一般来说，这样的电路所产生的电能让时钟工作起来。注意，如果柠檬的汁液开始干涸了，那么反应也会变得微弱，这个时候你就该给它换一换“电池”了。

游戏拓展

你可以尝试用橙子或者苏打水来玩这个游戏。

神奇的磁力寻宝

如果你对电力游戏很着迷，那么你一定会爱上磁力游戏。这个“神奇的磁力寻宝”游戏不仅能让你分辨出哪些材质的物品是有磁力的，而且还能让你明白磁力是有强弱区分的。尽管如此，你千万不要拿家里的任何电子设备或者带有磁条的卡（比如信用卡）去检验它们的磁力。注意，一小块磁铁就会对如电脑、手机，或其他电子产品造成巨大的损害，当然也能将信用卡消磁。

技能大提升

- 亲眼见证并体验磁力
- 明白不同的材质具有强弱不等的磁力
- 了解具有磁力的物品一般为金属物质

游戏所需物品

- 1块大的磁铁，比如手工制作的那种圆形磁铁
- 3个小号塑料碗或其他容器
- 铅笔和纸
- 不褪色的马克笔

怎么玩 “神奇的磁力寻宝”游戏

1.跟随下面的步骤，你将在家里展开一场不一样的探索：看看磁铁可以吸起哪些物品，又有哪些物品是不能被吸起来的。磁铁吸住其他物品的这股力量就是磁力。

2.现在先让你感受一下磁力的存在吧！每块磁铁都有两个磁极，也可以叫作正极和负极。相反的两极会彼此吸引，它们之间就会产生一股类似拉力的磁力；相同的两极则会相互排斥，它们之间会产生一股类似推力的磁力。你可以两手各拿一块磁铁来感受一下异极相吸、同极相斥的磁引力。你一定能清楚地认识到，这股力量是不受你控制的。

3.我们要开始磁力寻宝游戏了。这个游戏要求你利用磁铁将找到的物品分成强磁力、中等磁力和无磁力3类。现在，拿起准备好的不褪色的马克笔，在3个小号塑料碗外侧分别写上“强磁力”“中等磁力”“无磁力”。

4.拿出准备好的纸和笔，把想检测的物品写下来，列出一张磁力测验的物品清单。物品可以包含钉子、螺丝、塑料或金属的瓶盖、锡箔、回形针、卡纸、钥匙、玩具（注意要检测各个不同部位是否具有磁力）、硬币和球棍等。

5.逐一检测它们的磁力，检测好后请你将物品归入你认为正确的容器里。

观察与提问

分类完成以后，请你说说看：

- 这几组物品之间有什么不同？
- 有磁力的物品间有什么共通点吗？
- 大部分具有磁力的物品都是什么材质的？
- 所有金属材质的物品都有磁力吗？

真相大揭秘

磁力是由物质内部带有正负电荷的电子产生的。日常生活中，那些能被磁铁牢牢吸住的物品一般是铁、镍等金属材质的。当然，其他一些材料有时也能被短暂吸住。

磁铁之所以能吸住某些物质是因为它们自身正负电荷的不均衡。那些不能被磁铁吸住的物质自身的正负电荷是均衡的，没有哪一边“胜出”去主动接近或主动排斥磁铁。也就是说，这些物质内部的正负电荷能够相互抵消，使它好像没有磁性一样。

魔幻磁力赛车

也许这算不上真正的魔术，但在你看到自己做好的赛车车道的那一刻，你也许会认可它的魔幻性。你只需要准备一个大盒子、一些磁铁、一支胶棒和一些玩具车，就可以着手创造一个全新的且能振奋人心的新玩具了。重要的是，在这个过程里，你还会学到更多关于磁力的知识。

技能大提升

- 亲眼见证并体验磁引力
- 理解磁力是可以穿透一些轻量材料而存在的

游戏所需物品

- 几辆玩具车
- 一些小的圆形磁铁（最好是小得能够贴在玩具车车底的）
- 2个小号马蹄形磁铁
- 磁带（非必要）
- 带有胶水的热胶枪
- 大号的空盒子（收纳盒、包装箱或者电器外包装均可）
- 马克笔
- 锋利的剪刀
- 麻线或者毛线

- 胶带

怎么玩 “魔幻磁力赛车”游戏

1.用马蹄形的磁铁来检测每个圆形磁铁，检测之后将与马蹄形磁铁相吸的一面朝下放置在水平面上。也就是说，当你将马蹄形的磁铁悬挂在已放好的圆形磁铁上方时候，你感觉到的应该是相互排斥的力而不是相互吸引的力。

2.这个步骤要使用热胶枪，最好让家长帮助你完成。利用热胶枪在放好的圆形磁铁上点好胶水，然后在胶水冷却之前迅速将它贴在玩具车的车底。每辆玩具车车底的中部都贴上一个圆形磁铁。

3.将大盒子翻转过来，底面朝上，呈水平摆放。让整个倒扣的盒子变成一张“桌子”。

4.拿起马克笔，请你在处于顶部的盒子底面上画出赛道、车道或者类似城市里供车辆行驶的街道等。

5.剪下两根长约1米的麻线或者毛线，分别在两根线的一端各系一个马蹄形的磁铁。

6.在“桌子”的任意两个相对的侧面上，让家长帮你割出一个足以让你的胳膊伸进去的切口。在与这个切口相隔约3厘米的地方挖一个小小的窟窿（方位不限），将线的另外一端（没有系着磁铁的那一端）从外到里穿过小孔。在盒子内部将绳子打好结，让绳子无法从这个小窟窿里滑出去。如果你愿意，还可以用胶带将它的尾端贴住，这样更能防止绳子掉出来。

7.接下来就该马蹄形磁铁大展神威啦。把贴好磁铁的玩具车摆放在“小桌子”上，拿起一个马蹄形磁铁，从箱子侧面的切口伸手进入“桌子”内部，在桌底滑动磁铁直到你吸住一辆玩具车为止。接着，你可以慢慢地移动磁铁，让小汽车沿着画好的车道或快或慢地前行吧！

游戏拓展

试着用磁带在“桌面”上做成车道来取代在桌底使用的马蹄形磁铁吧。不过，开始游戏之前一定记得先确认车底的磁铁与磁带之间相互吸引而非排斥。

纸筒手电

玩完本章前面的游戏，你肯定早就知道有关电的知识其实并不是什么只有专业人士才能了解的神秘知识。如果你已经做过柠檬时钟，那么你对电子和电池的工作原理肯定不会陌生了。而这个游戏能让你学到的显然不止于此，它除了能强化你之前已经掌握的知识外，还能让你在打开手电开关的时候清清楚楚地知道手电的内部发生了什么。不过，还是要强调一点，即在玩这个游戏的时候，你需要找一个成年人来指导并帮助你。因为这个游戏对精准度有一定的要求，并且在游戏过程中你也需要有一个帮你剥去电线绝缘外衣的助手。再强调一遍，千万不要独自尝试做这个游戏！

技能大提升

- 科学态度
- 基本掌握电力工作的原理
- 探索导电材料和电路

游戏所需物品

- 2节2号电池
- 大号回形针
- 2颗黄铜固定器
- 小号塑料杯
- 用完的卫生卷纸纸筒
- 手电的灯泡
- 剪刀
- 15厘米长的22号绝缘铜线
- 24厘米长的22号绝缘铜线
- 多功能小刀或者剥皮钳
- 绝缘胶带
- 6厘米宽的可缝纫的松紧带

- 尺子
- 马克笔

怎么玩 “纸筒手电”游戏

制作步骤

1.让家长帮你用多功能小刀或者剥皮钳把准备好的两根铜线两端的绝缘外皮都剥开约3厘米。

2.请你自己测量并剪出一段长约1.5厘米的松紧带。做好以后，你应该有一条长约1.5厘米、宽约6厘米的松紧带。

3.用多功能小刀在松紧带的中间割开一个小口，将电筒用的电灯泡插进这个小口，灯泡朝上。注意开口要大小适宜，确保松紧带能牢固地卡紧灯泡。

4.让家长帮你割开塑料杯的杯底。割好后它应该看起来像个小型扩音器。

5.请你将准备好的卷纸纸筒纵向切开，平铺开来，呈矩形。

6.将切开的卷纸纸筒平铺放在你的工作台上时，可能你刚放下，它就会迅速回弹成滚筒状态，你可以找人帮你把它按压在固定位置，或者暂时用胶带将它的边缘贴在桌上，让它保持平铺的矩形状态。

7.将1枚回形针放置在平铺好的纸筒中间。将1个黄铜固定器穿过回形针的一端并刺穿平铺的纸筒。再将纸筒翻转过来，把黄铜固定器上的小“爪子”折平。如果纸筒是用胶带固定在桌上的，做这一步之前，你得先将胶带撕下来，然后再完成这个步骤。

8.把纸筒再翻回来，面向你的应该是刚刚固定好的回形针。调整回形针的角度，确保它和铺平以后的纸筒上方的边缘处在平行的位置上。现在，回形针的另一端还没有安装黄铜固定器，请你拿起马克笔，在纸筒上的这个位置上做个小记号。

9.将回形针从做好记号的地方转开，就像拨动开关一样。请你将第2个黄铜固定器戳在做好记号的地方，再将纸筒翻转过来，同样把固定器的小“爪子”折平压好。

10.保持纸筒反面朝上，现在你看到的应该是固定器的“爪子”所在的这一面。拿出15厘米长的这根铜线，将剥去绝缘外皮的线固定在纸筒左侧的黄铜固定器上。最简单的固定办法就是将线滑入固定器的一个小“爪子”底下，再紧紧地缠绕几圈。弄好以后，用一块绝缘胶带贴住黄铜固定器，这样做能确保线不会松滑，更加牢固。

11.用同样的办法将约24厘米长的铜线固定在另一个黄铜固定器上。

12.取出准备好的2节2号电池，将它们正极碰触负极地紧密连在一起。可以让你的帮手这样拿着它们，你再用绝缘胶带将它们紧紧地粘在一起。不管你使用多少绝缘胶带，一定要确保2节电池被牢牢地固定好，而且它们相互接触的正负极不会有任何位移的可能。

13.将固定好的电池包放在平铺的纸筒矩形面上。将它的负极这一端朝向左手边（连接着短线的那边）。请你用绝缘胶带将较短这根一端去除绝缘外皮的铜线固定在电池包的负极上。

14.将较长铜线已经去除绝缘外皮的另一端连接在手电灯泡的底座上。用绝缘胶带将它固定后，用灯泡的底座去碰触电池的正极。你保持这个动作的同时，让家长帮你用绝缘胶带将它们贴牢。

15.把卡好灯泡的松紧带的尾端折叠起来，放置在电池包的顶端。用胶带将松紧带的底部固定好，缠绕在电池包的顶部。固定好了以后，把它套在电池外围，看上去应该像罩在马车车顶上的帆布套一样。

16.将卷纸纸筒裹着电池包再重新卷好。注意一定要卷紧一些，然后用胶带把口封好。

17.要把切去底座的塑料杯做成手电筒的顶部。将开口较小的这一边套在卡着灯泡的松紧带上，再用胶带将杯底紧挨着卷好的卷纸纸筒贴好。看吧，你做的这个物品看上去已经具备手电筒的外观了。

18.拿起你制作的手电，将原本的回形针拨回相互接触的状态。如果所有的连接都是正确的，那么手电就应该能够发光啦！当你再转动回形针，让它不与黄铜固定器连接的话，手电就会熄灭。

观察与提问

- 为什么一定要确保电池包里2节电池的正负极是紧密接触的呢？
- 为什么将回形针转到与黄铜固定器接触的状态下，手电就会亮呢？

（提示：因为这个时候电路闭合了。还记得吗？连接着电池的电线，它们的另一端是连着黄铜固定器的。）

- 为什么在使用电线之前，先要剥去电线的绝缘外皮呢？

（答案：因为绝缘外皮不是导电的材质，它们内部包裹的铜线才具有良好的导电性。）

- 装上塑料杯的目的是什么？
- 松紧带是如何帮助固定灯泡位置的？

简易版金属探测仪

如果你曾见过或者用过金属探测仪，你一定知道探测到“大奖”的那一刻有多么激动人心，尽管有时候这个奖可能小得微不足道。专业的金属探测仪和它的配套设备不仅价格昂贵，而且制作难度很大。我们在这个游戏中可以制作一个简易版的，你所需要准备的不过是一个计算器、一个收音机，再加一点点胶带就够了。

技能大提升

- 基本掌握无线电信号和声波振幅的相关知识

游戏所需物品

- 小号的、电池驱动的便携式收音机（装好电池）
- 非太阳能的、电池驱动的计算器（装好电池）
- 胶带

怎么玩 “简易版金属探测仪”游戏

制作步骤

1.请你打开收音机，将它调到AM波段。如果这是你第一次见到或者使用收音机，那你还得先了解一下什么是“AM”。AM指的是调幅，因为AM组合了音频和无线电频率以产生音频信号，所以很容易受到干扰。如果用这种波段来收听音乐，会听得让人抓狂，但用在金属探测仪上却很完美。请你将它的频率调到最高（最右边），并确保你不是调到了电台的频率上，同时能够听到静电干扰音。

2.将声音调到你能忍受的最大限度。

3.打开计算器，把它装电池的地方和收音机装电池的地方紧贴着握在一起。如果你还握不牢它们，在你开始寻找金属物品的时候，可以让家长帮着你一起握牢、固定好它们。

4.调整收音机后面计算器的位置，直到当你靠近一个金属物体的时候，能在静电干扰音中听到很明显的声音变化（听起来就像嘟嘟声一样）。

5.将金属物品移开，看看声音会不会恢复成之前的静电干扰音。如果的确如此，那就用胶带将计算器和收音机按照现在的位置绑起来固定好。如果没有改变，那就继续调整计算器的位置，直到把它调到正确的地方，再用胶带绑好。

观察与提问

- 你觉得我们为什么不能把收音机调成正在播放音乐的频率上呢?
- 哪些材质的物品更容易被金属探测仪探测出来?

真相大揭秘

其实计算器的电路板本身就会产生一些微弱的无线电频率，它们在遇到金属物品时会被弹射回来。收音机上的AM（调幅）波段能够接收这些电波并且将它们扩大，人们就会从收音机的喇叭里听到一些异响，从而探测到金属。

CHAPTER 20

地球科学

地球科学属于自然科学的分支，是研究我们生活的这颗星球的构成及各种影响因素的学科。既然我们即将开启探索地球科学的旅程，那么我们所调查的范围不仅涉及气象现象，还涉及那些与地质概念或古生物学相关的环境因素。本章的游戏活动将引导你叩开这些领域的兴趣之门。

救助地球的百变贴

虽然人们把每年的4月22日设为“世界地球日”，但保护地球、践行资源可持续发展理念却是每时每刻都应当被牢记的。不管你是大孩子还是小小孩，制作一个救助地球的百变贴，都是一件非常简单的事情。不过，它的意义却是十分重大的。在你做好百变贴之后，它还能成为闪闪惹人爱的备忘录，让你在日常生活中时刻谨记要保护地球。

技能大提升

- 说明文写作能力
- 批判性思维
- 环保意识
- 精细动作能力

游戏所需物品

- 一本或多本与环境有关的儿童读物
- 水彩纸或者其他能够画画的厚纸
- 一些有横线的书写纸
- 一些白纸
- 彩笔
- 水粉或者颜料
- 铅笔
- 麻线
- 剪刀
- 单孔打孔器
- 棉球和胶水（非必要）

怎么玩 “救助地球的百变贴”游戏

1.阅读与环境有关的儿童读物，你可以读一本或者多本。这类书籍有适合年纪小的，也有适合年纪稍大的，你可以根据自己的实际情况来选择。读完以后，可以和小伙伴或者家长讨论一下这些书的核心理念是什么，思考哪些事情是不环保的或者是对地球有害的。比如，你们可以谈谈下面这些问题：

- 你可以说出一件人们所做的对地球不好的事情吗？
- 世界上有没有本身是对地球有害的，但人类却没办法完全管控的事情？
- 靠一个人的力量可以解决这些问题吗？
- 如果不可以，那么对一个家庭，或者对每个家庭成员而言，他们能够做些什么事情来保护环境或践行环保呢？
- 你自己可以做哪些事情来践行环保呢？

2.想好你可以做些什么事情来践行环保以后，就拿出一张有横线的书写纸，把你的想法写下来，最少写3条。每一条都应该用决心做某件具体事情的形式去写。比如：“在离开房间的时候，我会做到随手关灯”，或“我将做到垃圾分类，把可回收的垃圾与不可回收的垃圾分开丢弃”。写好以后，把这张纸先放在一旁。

3.你得明白，有时候督促人们坚持做他们曾下定决心做的事情，最好的办法可能就是让他们时时看到自己所写的决心书。接下来，你也将跟随指引做一个漂亮的、彩虹式样的救助地球的百变贴，挂在房间里用以时刻提醒自己下定决心做的事情。

4.拿出水彩纸和画笔，请你画出一条两端都有云朵的彩虹。让彩虹的弧线内部是空白的，这样你就能用彩笔给它涂上正确的颜色。等你画好彩虹的轮廓就拿彩笔去上色吧。做好以后，把它先放在一边。

5.拿一张白纸出来，在上面用铅笔画出3个大大的水滴图案。你可以把之前写下的决心书逐条剪下来，再分别贴在这3滴水滴上，或在这3滴水滴上重新把你的决心书再誊写一遍。做好之后把雨滴分别剪下来。

6.把准备好的麻绳剪成3段长短不一的绳段，注意，最长不能超过25厘米。用单孔打孔器或者铅笔，在每张雨滴的上方打个孔，将麻绳穿过孔并打上结。

7.检查所画的彩虹是否干了。如果已经干了，你就可以把雨滴挂在云朵上啦。你可以将它们挂在任何你想挂的地方——只要在那里打个孔，用雨滴上的麻线系好就可以了。

8.如果你喜欢，还可以选择把蘸了胶水的棉球贴在云朵上，让它们看起来更加“松软”。等你把这个百变贴装饰满意后，就可以在彩虹的顶端打个孔，再穿上一根麻线，做成用于悬挂的圆圈。

9.把这个救助地球的百变贴挂在你随时能看到的地方，来提醒你实现那些决心吧！

通缉令：危害地球的行为

通过做这本书前面的游戏，你已经有了制作通缉令的经验，不过这次要做的通缉令可是和从前大不相同了呢。从前的通缉令只需要你描述某个人，但这次的通缉令却给了你去描述一种概念或者行为的机会。它不仅能很好地锻炼你的分析推理能力，同时还能让你对那些可能对我们生存的星球造成生态破坏的因素有更深入的了解。

技能大提升

- 批判性思维
- 写作能力
- 环保意识

游戏所需物品

- 书写纸
- 卡纸或者海报板
- 马克笔或者彩色铅笔
- 剪刀
- 胶水
- 三角板

怎么玩“通缉令：危害地球的行为”游戏

1.通过查阅资料或者询问家长，收集并且细致记录迄今为止人类做了哪些有利于环境保护的事情？它们既可以是某个人做的，也可以是大家共同做的。记录了以后，再回顾人类做了哪些危害环境的事情。用文字把这些信息记录下来，这样等做通缉令的时候你就可以参考这些信息了。

2.邀请爸爸妈妈和你一起比赛做通缉令。告诉他们，你将独立完成通缉令的制作内容，即明确指出对环境有危害的行为并对它们进行描述。

3.给游戏参与者每人分发一张大卡纸或者海报板、一支铅笔和一把尺子。要求在纸的上方用大号的字写上标题“通缉令：危害地球的行为”。

4.用三角板在大标题下画出3个方框。再从之前整理的笔记中选出3种危害环境的行为，再在3个方框中分别为每种行为绘制一幅对应的彩色图画。至于这幅彩色图画，可以是某种产品（如1只喷雾罐或6枚拉环）、某种大气现象（如酸雨或霾），或者其他任何你能根据所写内容想到的东西。

5.在每幅图的下方标注出有危害的因素，并写一段文字说明这种因素是什么，它是如何对地球造成危害的。所写内容应该包括这件事通常发生在哪里，是怎么发生的，以及要做些什么来挽回它对地球造成的破坏。

6.所有人都完成海报以后，可以互相比较一下。不妨将它们作为教学工具，彼此分享一下各自在环保问题上所学到的知识。

游戏拓展

如果你希望对“造成环境危害的因素”以及“关于环保，儿童能够做些什么”等话题有更深入的了解，可以上网查阅“环境保护协会星球卫士俱乐部儿童分馆”的网站，网址是：www.epa.gov/osw/education/kids/planetprotectors/index.htm。这个网页上有大量关于儿童该如何保卫地球，以及支持环保行动的游戏和活动等。

蒸发、凝结和降雨：水循环实验

水循环对成年人来说是一个再基本不过的概念，但对还是儿童的你来说，如果能真真切切地看到它的全过程，那么你学习、了解它的过程就会变得容易许多。我们用一系列相互关联的实验来展现水循环的各个细节，你不仅可以自己观察水循环的每一个环节，而且能清楚地看到这些细节是如何组合在一起并彼此影响的。你只需要准备一些非常简易的材料，就能够亲眼看到水循环里的蒸发、凝结和降雨的全部细节。

技能大提升

- 理解并能解释水循环的多个环节
- 积累与水循环相关的词汇
- 掌握科学研究的方法
- 掌握观察技能

“蒸发实验”游戏所需物品

- 茶碟、浅底碗或者罐子的盖子
- 大汤匙
- 水
- 灯

怎么玩 “蒸发实验”游戏

1.了解什么叫“蒸发”。请你思考一下，泥浆变干以后，它原本的水去了哪里？晾衣绳上的湿衣服里的水呢？如果你已经玩过第18章里介绍的“气球饲育所”游戏，一定还记得那个气球里的水也会不时地“消失”。还有，你觉得热水和冷水相比，哪一种水消失或者蒸发得更快呢？

2.你将自己制作一个人工水坑，看看能不能搞明白水到底去了哪里的问题。

3.拿两只茶碟或者浅底碗或者罐子的盖子，放在平整的地方。给它们各倒入1汤匙的水。

4.找到一个有阳光直射的地方，确保如果放一只碟子在那里，绝不会受到任何干扰。如果你在家里实在找不到一个这样的地方，也可以把它放在桌上，用一盏灯直直地照着它。将另一只碟子放在不那么亮的地方。

5.请你想一想，如果将它们放置一整晚，它们会有什么变化呢？请把你的假设写下来。

6.请你在第二天早上检查这两只碟子，并描述你所看到的情况，比如你所看到的景象印证了你之前的假设吗？为什么其中一只碟子的水会比另外一只更多？水更多的是哪一个碟子？你认为光在其中起了什么作用？

“蒸发实验”游戏真相大揭秘

你刚刚见证了水循环的第一个环节：蒸发。阳光（或者灯光）照射会令水的温度增加，从而促进蒸发。水会变成蒸汽，然后被空气吸收。这种现象每天都在地球上的湖泊、河流和海洋上方发生着。

“凝结实验”游戏所需物品

- 带盖子的干净的塑料瓶（一个撕掉外侧标签的2升大小饮料瓶就可以了）
- 灵敏的感应体温计（以碰触前额的方式来测量体温的电子体温计，在大部分药店都能买到）
- 透明胶带
- 火柴
- 点眼药器

怎么玩 “凝结实验”游戏

1.回顾前一个蒸发实验，请你回想一下水发生了什么变化？你认为水循环的下一个步骤可能是什么？又或者，水在蒸发之后还会发生什么？

2.既然蒸发的水蒸气是被空气吸收了，那么，你觉得在温暖的空气和在冷空气里这些水蒸气有什么不同呢？如果你去过气候潮湿的地方或者经历过潮湿的天气，你一定还记得潮湿的空气是怎样的。

3.在之前做的“气球饲育所”游戏里，当温度降低时，水蒸气会凝结成小水珠。那么，你知道当水蒸气融入空气后温度降低，会有什么变化？是的，它会凝结，或者变成水滴，但也可能化成云朵。

4.拿出干净的塑料瓶，用胶带将温度计贴在瓶内，盖好盖子，再把它侧着平放在桌上，这样就更方便你查看温度数字。

5.将开始做实验之前的瓶内温度值记下来。计时1分钟，请你用双手挤压这个瓶子。挤满1分钟以后，记下这时瓶内的温度。再让瓶子静置1分钟，时间到了以后第3次记下瓶内的温度。再看看瓶内的温度发生了什么变化?

6.打开瓶子，用点眼药器向瓶内滴入几滴水。盖好盖子后摇一摇，让瓶内大部分地方都是湿的。如果水不够，你还可以往里面再加些水，盖好盖子，像之前那样摇一摇。不要去看温度，先来说一说你觉得这次会发生什么变化。

7.将瓶子侧着放好，用力压这个瓶子让它释放约一半的空气出来，保持半瘪的状态。

8.请家长划燃一根火柴，再迅速吹熄它，将冒着烟的火柴放入瓶内，等瓶子迅速地恢复到原来的大小后，用最快速度将盖子盖上。

9.再一次挤压这个瓶子，请问，你看到了什么?答案是不是一朵云?

“凝结实验”游戏真相大揭秘

当你挤压瓶子的时候，瓶内的气压和温度都会升高。水开始蒸发变成水蒸气，但当温度再次下降的时候，水蒸气就会重新变回液体（凝结），最后就形成了云。

“降雨实验”游戏所需物品

- 炉子
- 烧开水用的水壶
- 烤箱手套
- 干净的大水罐或者其他有把手的容器
- 冰块
- 平底锅

怎么玩 “降雨实验”游戏

1.在开始这个实验之前，你得先回顾一下水循环的前两个步骤：蒸发和凝结。复习好后请你想一想，水循环的最后一个环节应该是什么呢?比如，试想一下，天上云朵中的水是怎样再回到河流、海洋、湖泊中的呢?或者，你也可以想一想下雨和下雪是怎么回事。

2.转移到厨房，在水壶里灌入3/4的水，让家长帮你把水壶放在炉子上烧开，你保持安全距离观察就好。

3.当你发现水马上就要烧开的时候，请你往准备好的大水罐里装入冰块。

4.水一烧开就让家长关火，把水壶提到旁边。将装好冰块的水罐递给家长，注意，家长一定要握着罐子的手柄，手伸直，让水罐的底部正对着冒着热气的水壶。注意千万不要直接将手或胳膊伸在水壶上方，因为蒸汽会烫伤你的皮肤！

5.你用一只手戴好烤箱手套，抓住平底锅的边缘，将锅体放置在装了冰块的罐子下方。

6.现在，屏住呼吸，竖起耳朵、睁大眼睛，看看热气遇到冰以后发生了什么。试着回答下面这几个问题：

- 水罐的底部发生了什么？
- 你在平底锅上看（听）到了什么？
- 水罐的边缘为什么会有水呢？
- 降落下来的雨滴和水罐边缘的这些水有什么不同？

“降雨实验”游戏真相大揭秘

开水壶里冒出的热气实际上就是水蒸气，也可以称作被蒸发了的水。冰块让热气迅速降温，进入了水循环的下一个环节——凝结。当水蒸气凝结后，水罐边缘形成的水雾或者薄云中的大水滴就会滴落下来。

水滴彼此之间发生着的碰撞，就和云朵有风吹过时一样。碰撞让水滴们相互结合，而且越来越大、越来越重，直到云朵承受不了了，里面的水就会掉落下来，也就是降雨。至于降雨的类型（雪、雨、冰雹等）就取决于水滴降落时的气温了。

“化石”铸件

化石是古生物学家（研究地球上生物历史的科学家）眼中的珍宝。他们不仅能通过化石了解从前自然界中生物、踪迹等的形态，还能深入了解大自然的发展进化历程。

你一定也听说过化石，但不要以为化石只与恐龙这样的巨型生物有关系。其实，它和植物、小型动物们也是密切相关的。制造“化石”的游戏或许还能帮你发现，那些生物的痕迹是怎样帮助我们去了解生物本身的。当然，它们也一定会引发你对这些生物的更多疑问。

化石一般被分为3种：实体化石、踪迹化石和化学化石。实体化石保留了有机体本身。踪迹化石留存的是一些与古代生物相关的东西，如足迹等，通过它们我们能了解到古生物的行为习惯。化学化石保留的则是构成有机体的一些成分，比如树木，它自身会被腐化分解成一些矿物质成分，这些最初的成分能被保存在化石里。

技能大提升

- 科学观察力
- 精细动作能力
- 以局部辨识整体的能力

游戏所需物品

- 一些小物品，如硬币、塑料玩偶、石头、假树叶（花）等
- 干净的空黄油罐或者其他小的、浅口的塑料容器，比如金枪鱼的罐头盒
- 橡皮泥（防干型）
- 熟石膏
- 水
- 小桶
- 塑料汤匙
- 多功能小刀和（或）开罐器
- 废旧牙刷或软毛的漆刷

怎么玩 “‘化石’铸件”游戏

游戏步骤

1.回想一下化石共有多少种？你一定还记得，实体化石是和化学化石或者踪迹化石

完全不同的化石种类。实体化石通常含有有机体本身，有时也会留存一些它们的牙齿或者骨头等。相较于其他两种化石，我们现在要做的“化石”是更类似于实体化石的东西。

2.拿出几个准备好的空容器和一些橡皮泥。先把橡皮泥搓成球状，放进准备好的空容器里。在容器的底部将它压平，尽量让表面均匀平整。还需注意，橡皮泥要留有足够的空间来保存一个“化石”，所以不要将它压得太薄，至少要有3厘米的厚度。

3.选择一个你想变成“化石”的小物品，用你喜欢的方式把它印在橡皮泥上，压好印痕后，移开物品时注意要用笔直向上的动作，这样印痕才能更加清晰。用同样的方法在每个容器里印上印痕。

4.往小桶里倒入一些石膏粉，加入水搅拌，直到它的浓度看上去就像面糊一样。搅拌好了以后把它们灌满每一个橡皮泥容器。

5.等待石膏慢慢凝固（这个过程至少需要24小时）。等干透以后，请家长用开罐器将金枪鱼罐头的底部取下。如果你用的是塑料容器，就请家长用多功能小刀小心地割下容器的底部。用力推橡皮泥，将铸件从容器里取出。

6.现在，你得很小心地将橡皮泥从“化石”铸件上取下来，并像一个真正的古生物学家那样，利用牙刷等将它们完全清理干净。

观察与提问

- 你能成功匹配每个小物品和它们对应的化石铸件吗？
- 每个小物品和它对应的化石铸件看上去有什么不同呢？
- 你所创造的这些“化石”和自然形成的化石之间有什么差异呢？哪一种需要的时间更长？

发酵粉制作的钟乳石和石笋

钟乳石是一种从地下洞穴的顶部向下长出的石柱，而石笋则是从这种洞穴的地下长起来的一种石柱。有时候，它们也被称作“滴水石”，是矿物质在洞穴的顶端、墙壁上滴下的雨水作用下慢慢形成的。有一些滴水石需要经过几千年的时间才能形成，但也有一些成长得非常迅速。

如果只是生硬地去记忆它们哪一种是从洞穴顶部往下生长，哪一种又是从洞穴地面往上生长的，对你来说可能无趣又很困难。但如果你能亲眼见到它们的成长，一定会被这大自然缔造的石头的美丽深深吸引。当然，见证它们在大自然中真实的形成过程是不太可能的，但通过这个小实验，你就能实实在在地了解有关它们形成过程的知识了。要注意的是，做这个实验，你需要一个相对温暖一些的不被打扰且不至于打扰到别人的地方，因为一个比较大的钟乳石或石笋的形成可能需要将近1周的时间。

技能大提升

- 遵从实验操作步骤的能力
- 批判性思维
- 科学分析

游戏所需物品

- 2个大小一样的玻璃罐
- 小盘子
- 2枚回形针
- 一段约30厘米长的毛线或者棉线
- 热水
- 1盒发酵粉
- 水罐或者碗

怎么玩 “发酵粉制作的钟乳石和石笋”游戏

1.在平整的地方放1个小盘子，然后将2个玻璃罐分别放在它的两侧。

2.拿出准备好的毛线，将它对折以后再对折，请家长教你怎么把它搓拧成一根绳子的形状。将毛线绳用水浸湿，再在线的两端各固定1枚回形针。这样，回形针就能像锚一样把线拉直，沉入罐中。

3.请你把搓好了的、两端各固定回形针的线绳一头放入一个玻璃罐里，另一头放入另一个玻璃罐里。让线的中间部分正好悬在盘子的上方。你可以适当地调整罐子的位置，直到线的中间部分恰好在盘子正中形成小小的U形。但要注意，一定不能让绳子垂下去碰到盘子。

4.我们要在水罐或者碗里配制饱和的发酵粉溶液了。饱和溶液的意思就是，水中溶解了足够多的发酵粉，以至于哪怕再加入一点点的发酵粉，也不能再被溶解了。

5.将配好的发酵粉溶液分成两半，分别倒入2个玻璃罐中。

6.接下来的这些日子里，需要你很细致地观察并记录实验的过程。你可以用文字记录，也可以选择用图画来记录绳子每天发生的变化。当然，根据你配比的溶液浓度的不同，你也许还需要不时地将盘子里的水抽干（直接把盘里的水倒回罐子里就好）或者往罐子里加入更多的溶液。

7.经过一段时间，你就能亲眼看到在绳子的两端慢慢形成了“石头”。最终，它们会在绳子的中间段相遇——先开始往下长，然后慢慢往上长。

真相大揭秘

就像真正的钟乳石和石笋是由雨水蒸发后留下的矿物质构成的一样，当罐中溶液里的水分被蒸发了以后，就留下了碳酸钙（发酵粉）。而绳子的作用就像灯芯一样，它同时吸收了水和碳酸钙两种物质。水会沿着绳子滴落在盘子里，有些水还会被蒸发掉，但矿物质会留存下来，形成“石头”，当它们越积越多时，渐渐地就会形成柱状。

CHAPTER 21

家庭实验室

有很多科学实验你都应该试着去做一做，因为它们不仅能巩固你在相关领域里学到的技能，还能让你亲眼看到科技是如何影响或者改变日常生活的。本章列举的游戏，能够教会你懂得口腔卫生的重要性，还能够为你展现如何用家庭常见物品令小小封口袋发生巨大变化。游戏的内容虽然包罗万象，但它们都有一个共同的特征，那就是实验所需要的所有物品，在你的家中都能找到。

裸身的鸡蛋

裸身的鸡蛋这个实验能很直观地让你看到酸对碳酸钙——这种存在于鸡蛋壳、骨头以及你牙齿中的坚硬物质的影响。

如果你不好好刷牙，那么对你的牙齿来说，其实就有点儿类似于被丢进酸性环境的鸡蛋，因为在这两种情况下发生的化学反应是非常类似的。所以，你可以把“裸身的鸡蛋”游戏看作一个有预警作用的故事。不仅如此，做完这个游戏之后，你就会得到一个接近“赤身裸体”的鸡蛋。这种现象可不是每天都有机会看到的呢！

之所以会形成龋齿，就是由于你每天吃的糖、碳水化合物以及口腔里的细菌综合作用后产生酸，腐蚀了你的牙齿。尽管这和把牙齿泡在醋里并不一样，但它们产生的结果是完全一样的。幸运的是，你好好刷牙的话就能抑制龋齿的产生了！

完成这个游戏需要48～72小时的时间。

技能大提升

- 科学态度
- 大致理解两种化学物质能够相互反应，并产生结果
- 理解酸性环境对牙齿健康的影响

游戏所需物品

- 生的白壳鸡蛋
- 干净的塑料杯（要能够浸泡1枚鸡蛋）
- 醋
- 大勺子
- 手电

提出你的猜想

照照镜子，看看你的牙齿，再看一看鸡蛋，请问你能看出它们之间有什么共同点吗？对，你可能会说，它们都是白色的，但你要知道答案绝不会仅此而已。你听过钙吗？回想一下，你每天喝牛奶就是因为牛奶里含有钙，而钙能够让你的牙齿和骨头变得

更坚硬。说这些其实是想让你明白，鸡蛋壳是由一种叫作“碳酸钙”的物质构成的。

现在你要认真思考一下，如果把富含钙的骨头、牙齿或者鸡蛋放进酸性环境里一整个晚上，将会发生什么呢？请你把你的假设写下来，这样一来，以后你就能把它和真实发生的结果进行对比。

怎么玩 “裸身的鸡蛋”游戏

游戏步骤

1.找一个不碍事的地方——最好是在厨房的柜子上来做你的游戏。首先，请你很小心地从冰箱中拿出一枚鸡蛋，然后把它放进干净的塑料杯中。如果你不小心打碎了这枚鸡蛋也没有关系，因为这也对实验有一定的帮助——碎掉的鸡蛋可以很清晰地向你展示鸡蛋壳有多脆弱，并且你也能看清楚鸡蛋里到底有些什么。

2.把醋倒进杯中，直到鸡蛋被完全浸泡。

3.让鸡蛋这样浸泡一夜，第二天早上再去查看。你或许能注意到鸡蛋壳上的一些小泡泡，或者液体表层有一些泡沫状的物质。这些小泡泡和泡沫是什么？

4.用大勺子把鸡蛋从杯子中取出来。把杯子里的醋和泡沫都倒进水槽。再把鸡蛋放回杯中，倒进新的醋，然后让它再泡两天。

5.在第三天，请你用勺子把鸡蛋从杯子中取出，然后用细小的水流小心地冲洗鸡蛋。不要用手从杯子里取鸡蛋，也别在冲洗的时候用手摩擦它。因为鸡蛋壳已经几乎被溶解了，所以它看上去就像一个鸡蛋气球一样，你手上的任何一点小小的压力都可能会弄破它。

6.把塑料杯清洗干净，然后把鸡蛋小心地放回杯中。你可以蹲下来，让自己和鸡蛋保持同样高度，然后打开手电，从鸡蛋的后面照一束光。因为鸡蛋只剩下了一层薄膜，当光线穿过它的时候，它看起来就是半透明的，而且还能发出红光。

观察与提问

- 在实验的第一天，鸡蛋发生了什么变化？
- 实验完成的时候，鸡蛋发生了什么变化？
- 你认为实验第一天看到的那些泡泡对蛋壳的变化存在影响吗？

- 鸡蛋壳和你的牙齿表层有什么相似之处吗？
- 如果你不是每天刷牙的话，你的牙齿可能会发生什么变化？

真相大揭秘

实验中使用的醋其实是由一种叫“醋酸”的酸性物质和水构成的。醋能和鸡蛋壳中的碳酸钙相互作用，二者发生化学反应的第一个标志就是出现你在鸡蛋壳上看到的那些泡泡。通过化学反应，酸将碳酸钙分解成钙和碳酸盐，而碳酸盐又与醋中所含的水发生反应，产生二氧化碳气体——这就形成了鸡蛋外附着的小泡泡。

鸡蛋壳里的钙成分存留在醋里，形成了液体表层的泡沫状物质。这些化学反应一直持续到碳酸钙被完全耗尽为止。反应完成之后，鸡蛋自然就只剩下一层薄膜了。

变色康乃馨

这个游戏能帮助你解答为什么花瓶里的水会慢慢减少，为什么室内植物都需要浇水，以及这些水都去了哪里的问题。通过在水里添加一些食用色素，你就能很清晰地看到水的移动轨迹，还能明白花朵是怎么“吃饭”的。不仅如此，游戏结束的时候，你还能得到一束漂亮的七彩花束来装饰你的房间。

完成这个游戏需要24～48小时的时间。

技能大提升

- 科学态度
- 了解蒸腾作用和毛细管作用

游戏所需物品

- 一束白色的康乃馨（鲜花），便于你将它变成任何你喜欢的颜色
- 空的水瓶或者花瓶（一枝花配一只花瓶）
- 一个大碗
- 食用色素
- 水

- 剪刀

游戏前提出一种假设

1.你以前曾思考过花瓶里的水去了哪里的问题吗？或者你想过为什么每隔一段时间就要给花瓶换水的原因吗？

2.为了搞清楚花朵和消失的水之间的关系，我们使用的水都是被染了色的水。

3.请你猜一猜，如果把白色的花放入有颜色的水中，花朵会发生怎样的变化。

怎么玩“变色康乃馨”游戏

游戏步骤

1.给每只花瓶或者水瓶注入水（为了便于观察，请在注水前将水瓶上的标签撕掉）。

2.在每只花瓶里加入一种颜色的食用色素。或者你也可以利用这几种颜色调配出新的颜色，如紫色、绿色、橙色等。食用色素的用量一定要充足，让水的颜色变得足够鲜艳，每只花瓶应加入15～20滴。

3.用剪刀修剪鲜花的茎，让花适合花瓶的高度而不至于斜歪在一侧。修剪花茎的方法如下：

先往大碗里倒入水，把所有花的花茎都放在碗里。记住，一次只修剪一枝花。将花茎浸泡在水中，在水里用剪刀斜着将它剪成适宜的长度。之所以一定要在水里修剪花茎，是因为这样做能避免花茎里的管道被空气破坏阻隔。空气会影响毛细管作用，让花茎不能像吸管那样把水顺利吸起来。用斜剪的方式对毛细管作用有所助益，因为这样做就能避免花茎的底部平贴着瓶底，从而很难将水吸起来。

4.在每只花瓶中放入一枝康乃馨，然后每隔几小时记得去查看一次。有些颜色在几个小时以内就能看到变化，但最明显的变化会在24小时左右时发生。

5.将花瓶放置一夜，隔天早上再查看效果。

观察与提问

24小时过去了，花朵已经走完了它们的蜕变之旅，变得色彩缤纷了。接下来，我们要一起来检验你的观察所得：

- 最先呈现出来的是什么颜色？

- 哪种颜色最淡？
- 哪种颜色最浓？
- 颜色在花朵的哪个部分呈现？
- 你认为颜色在花朵那个部分出现的原因是什么呢？
- 你觉得这一切是怎么发生的呢？

真相大揭秘

种养在瓶中或者土地里的花草植物，通过吸取泥土里的水分来获取养料。修剪后的花朵虽然没有了根，但它们还是能用茎来“喝”水，这一过程就是我们通常说的蒸腾作用。因为植物的花瓣和叶子会因蒸发而失掉一些水分，这样就在植物内部形成了一种称作内聚力的力量，它会不断地把水分子吸入那些被蒸发掉的地方。

水通过花茎里的小细管来移动，这一过程就像我们用吸管来喝饮料一样，只不过这种吸力来自植物内部的内聚力，而不是靠人在花朵上吸。这样的移动过程就是我们说的毛细管作用。不一会儿，水就会被运输到花朵上需要水分和营养的地方，当然其中就包括花瓣。因为你已经先给这些“营养品”染上了缤纷的色彩，这些色彩自然也被运输并且沉淀在了花瓣上。

游戏拓展

并不是每根花茎里的毛细管都会将营养输送到花瓣的各个部位，你可以这样去验证它：将花茎从底部开始撕成两半，一直撕到花朵的下面为止。把这两部分分别放入不同颜色的水中，然后你就会得到一朵色彩缤纷的花朵啦！

小苏打吹爆气球

如果你一听到能吹爆什么东西就激动得手舞足蹈，那你一定会爱上这个游戏。不过，游戏里唯一会吹爆的就只有气球而已，你内心的激动是不是有些降低了呢？还没说完呢！这个游戏会教给你吹爆气球的办法，当然不会是靠肺部压力把气吹进气球这么常规啦！做这些游戏，最好使用乳胶气球。注意，在开始之前，一定要确保游戏参与者中没有对乳胶过敏的人。

技能大提升

- 科学态度
- 观察二氧化碳气体的能量
- 观察空气压力的能量

游戏所需物品

- 空水瓶
- 中号气球
- 漏斗
- 醋
- 小苏打

游戏前提出一种假设

这个实验将为你演示小苏打和醋发生化学反应后所产生的能量。这能量巨大得足以吹爆气球！请你先设想一下，当你把小苏打和醋混合放入瓶子里后，会发生什么呢？你有没有见过科学展览用的火山？这些物质就和火山内部放入的物质是一样的。联想一下，这些物质混合以后会发生什么呢？与火山不同的是，瓶子的瓶口是用气球的吹气口封住的。

怎么玩 “小苏打吹爆气球”游戏

1.向干净的空瓶里装满1/3瓶醋。

2.把漏斗套在气球的吹气口上，拿稳它，向气球里倒入小苏打，约装满气球的一半即可。

3.把漏斗从吹气口上取下。把装有小苏打的这一半气球向下捏紧，让同伴帮助你把气球吹气口小心地套在瓶口上。注意，装的过程中不要把小苏打撒入瓶内，注意安全。

4.装好后小心地把装有小苏打的这一半气球举高过瓶口，让小苏打能倒入瓶内。

5.接下来的动作叫爸爸妈妈来做吧。你站到一旁，用耳朵仔细听瓶内的声音，注意细致地观察即可。当听到小苏打和醋的混合液发出吱吱的声响时，请爸爸或妈妈把气球的吹气口牢牢捏紧。

6.仔细地看看气球是如何被吹爆的吧！

真相大揭秘

当小苏打和醋混合在一起之后，醋里所含的醋酸分解了小苏打里的化学成分碳酸钙。碳成分又和瓶中所含有的氧组合，生成了二氧化碳气体，正是这种气体将气球吹爆了。

罐中的气球实验

这个实验将演示给你看，只需稍稍加热，让瓶内的气压改变就足以改变放在瓶口上的气球的状态。这个实验对时机和速度的要求很高，所以建议你让爸爸妈妈来充当游戏操作者，而你则在一旁细致地观察、记录，做一名优秀的记录员。而且，你还可以借用爸爸妈妈的手机或者录像机把这个游戏的过程细心地录制下来。

游戏所需物品

- 大玻璃罐
- 气球
- 水
- 纸巾或厨房纸巾
- 火剪
- 火柴

怎么玩 “罐中的气球实验”游戏

1.把气球的吹气口套在水龙头上。稍稍打开水龙头，让气球装满水，装到气球的大小正好略大于准备好的玻璃罐的罐口时，取下气球并把气球吹气口系紧。

2.用火剪夹一张纸巾或者厨房纸巾，点燃它，放入玻璃罐里。

3.迅速把水气球放在罐口，仔细观察发生了什么。

（答案：气球会开始跳舞，然后会被吸进罐内。）

真相大揭秘

在实验一开始的时候，罐子内部和外部的气压是一样的，当纸燃烧以后，罐内的空气被加热，空气受热后会膨胀，需要更多的空间，但是罐口的气球阻碍了空气散出的通道。受热的空气为了从罐子出来就会向外推气球，所以气球就会在让路的过程中“跳舞”了。

当火熄灭后，罐内的空气回冷，可罐口仍旧被气球封住，致使新的空气无法进入罐内。这意味着罐内的气压比罐外的气压要低。外面的空气就会给气球施压，最终将它推入罐中。

胶卷壳火箭

到目前为止，你应该跟随这本书看到了碳酸钙和醋发生化学反应后，可以消融掉蛋壳，可以吹爆气球。现在，你将看到如何利用这种反应来制作飞行器。只需要一个开阔的空间，并遵从一些规则，你就能利用这一反应产生的能量将胶卷壳送上天空了。当然，随着数码相机的普及，胶卷壳变得越来越难找到了（你可以到照片冲印店找找看，不过现在使用35毫米胶卷照相的人确实不太多见了）。如果你实在找不到胶卷壳，没关系，可以用一个干净的、空的胶棒壳，或一个小的、带开口的空糖果管替代来做火箭筒。

纸巾虽然在这一过程中不是必需的，但它却能用于延缓化学反应的发生，这样你就有足够长的时间来退到旁边的安全区域。游戏中，使用不同材质的纸、不同剂量的小苏打和醋，会让你的火箭飞出不同的高度和速度，还能影响起飞倒计时的时长。

技能大提升

- 科学探究能力
- 化学反应的观察能力

- 遵从实验指引的操作能力

游戏所需物品

- 空的胶卷壳或其他适合的替代品
- 卡纸
- 胶带
- 马克笔
- 剪刀
- 小苏打
- 醋
- 纸巾
- 抗酸药片（如养胃泡腾片或者其他替代品）
- 苏打（备选）

怎么玩 “制作小苏打和醋的胶卷壳火箭”游戏

1.准备好一个胶卷壳（或者其他小的、带盖的管状容器）、马克笔和卡纸。请你在卡纸上画一只小火箭，并将它装饰成你喜欢的样子。

2.请把画好的火箭剪下来，放在一边。再拿一张新卡纸，用它绕着容器的外围卷好，贴牢在容器的表面。不过，要注意把有盖子的这边放在底部，并且确保能够轻松地开关盖子。把画好、剪下的火箭贴在卷好的卡纸外侧，让整个设备看起来更像真正的火箭。

3.如果你用的是装糖果的管状容器，注意一定要把盖子上的封口条割开，确保盖子可以完整地取下来。

4.在家长的陪同下，带着所有的物品转移到一个干净的、没有阻挡的空间。

5.打开容器，倒入约1/4的醋。

6.请家长舀一汤匙小苏打放在一小张纸巾上，包好并往后站，为下一个需要迅速完成的动作做好准备。

7.请家长把包好的纸巾装进容器里，迅速盖上盖子，把它垂直放在地上（盖子朝下）。退到离火箭稍远的安全区域。

8.当纸巾被醋浸透后，火箭就会射向天空了。

怎么玩 “制作防酸剂的胶卷壳火箭”游戏

1.把之前实验用过的火箭筒清理干净。

2.打开盖子，放一片抗酸药片到火箭筒里。放任何品牌的抗酸药片都行，不过养胃泡腾片的效果可能比其他药片在游戏效果上更好些。

3.请家长往火箭筒里加入一汤匙的水，关上盖子，把火箭盖子朝下垂直放在地上，退到离火箭稍远的安全区域。

4.仔细观察，当水开始溶解药片后发生了什么。

真相大揭秘

不管是小苏打和醋的混合液，还是水和抗酸药片的混合液，它们都能通过化学反应产生二氧化碳气体。这些气体被装在容器里，但容器容纳气体的空间是有限的。随着气体的体积越来越大，容器达到装纳气体的极限后，它的盖子就会被气体挤开，同时这股巨大的压力还会将火箭发射上天。

游戏拓展

你愿意比较两种火箭的威力吗？你认为哪一种火箭更厉害？如果把小苏打或者醋的使用剂量更改一下会发生什么改变吗？如果把防酸剂火箭里的水换成苏打水又会发生什么呢？

保鲜袋的惊天大爆炸

如果小苏打火箭无法满足你对爆炸实验的热切期待，那么这个实验肯定能让你感到心满意足。它利用的是和厨房里用来快速发酵面包时一样的反应。这个实验能告诉你，有时候只需要将普普通通的日常家庭用品相互组合，就能产生危险性较低的爆炸。不过，还得提醒你，这个实验会把周围弄得一片狼藉，凌乱异常！你最好把材料拿到外面去做，或者在一个保鲜袋里进行“爆炸”，这样便于清理。你还可以试着在厨房水槽、浴缸或者一个大号的玩具整理箱里进行实验。

技能大提升

- 科学探究能力
- 化学反应的观察能力
- 遵从实验指引的操作能力

游戏所需物品

- 顶端带封口的中号塑料袋（像三明治大小的）
- 厨房纸巾
- 剪刀
- 尺子
- 汤匙
- 量杯
- 小苏打
- 醋
- 热水
- 铅笔

怎么玩 “保鲜袋的惊天大爆炸”游戏

游戏步骤

1.细致检查每一个封口袋的密封性能。你也许会以为每一个刚刚开封的封口袋都具有很好的密闭性，但其实有些封口条还是能够让水渗透进去。要注意，防漏水的袋子是保证这个游戏成功的关键物品。你可以将每个保鲜袋装入约1/2的水，封上封口后倒置过来，上下左右地摇一摇，来测试它们是不是真的不漏水。一旦你发现有袋子漏水，就倒掉里面的水把它放在一边。

2.在厨房纸巾上用尺子量出10厘米×10厘米的正方形，用铅笔把正方形画出来。再次用尺子确定正方形的大小正确后，用剪刀把它剪下来。

3.把剪好的正方形纸巾平放在水平物体上，量出1.5汤匙的小苏打，把它们倒在纸巾的正中间。

4.把纸巾折成一个小纸包：把小苏打上方约1/3的纸巾向下折，盖住苏打粉，再把下方1/3的纸巾向上折同样盖住苏打粉。然后，把左右两侧的纸巾向内折，让它成为一个小正方形。接着，把它先放在一边。这个就是你的定时“炸药包”。

5.用量杯倒出1/2杯醋。让小伙伴或者家长帮你拿着封口袋的开口，方便你把量好的醋倒进去。再量好1/4杯的热水，倒入袋内。

6.接下来这个动作需要迅速完成，建议让家长来帮你完成。把保鲜袋的封口先拉紧一半，再把之前折好的“炸药包”迅速装入袋中，最后快速封紧保鲜袋。

7.确保这些材料封闭完好以后，轻轻摇一摇它。然后，请把它放在地上或空旷的区域，往后退几步进入安全范围，仔细观察袋子是怎样胀大直至爆炸的！

观察与提问

- 封口袋为什么没有立刻胀大呢？
- 你认为不同型号的封口袋会让这个实验的结果有所差异吗？
- 你觉得如果使用小号封口袋或者超大封口袋会发生什么呢？
- 如果用水与小苏打混合，你认为会发生什么呢？
- 如果用醋和小苏打混合，又会发生什么呢？
- 如果把实验里使用的厨房纸巾换成餐巾纸或者卡纸，这个实验会有什么改变吗？

真相大揭秘

当厨房纸巾被浸湿，小苏打就接触到了水、醋的混合液。如前所述，因为醋是酸性物质，而小苏打是碱性物质，它们相互之间会发生一种叫作“酸碱反应”的化学反应。这种酸碱反应会产生二氧化碳气体，产生的气体要比袋子本身剩余的空间更多。因此，当这个袋子不能继续为气体提供空间的时候，它们就会撑破袋子直到爆炸。

CHAPTER 22

社交技能

在长大的过程中，你会逐渐加入更多的团体，扮演更多的社会角色。玩一些训练社交技能的游戏能帮助你更好地与他人交流。这些游戏不仅能让你更加了解自己的兴趣，还能帮助你成长为优秀的团队领袖。社交可不单单只是与他人交谈而已。它由三部分组成：社会输入、内部消化、社会输出。意思是说，你先得明白别人用语言和肢体语言传达的信息，弄懂信息的意思之后明确该做出何种反应，然后再用言语和（或）非言语的表达方式与对方进行沟通。

增加情感词汇的储备

增加包括喜、怒、哀、乐等各种情感体验的词汇量的好处如下：不必非得等到大喜大怒的时候才能用言语表达，在任何情况下你都能准确说出自己的情绪和感受；你能对他人的感受有更贴切的理解；帮你与小伙伴们建立更深厚的友谊，因为你能够更好地理解伙伴们的情绪并给予他们恰当的反馈。

技能大提升

- 情商
- 社交能力
- 口头表达能力

游戏所需物品

- 白纸或小纸片或白色写字板
- 铅笔或者马克笔

怎么玩 "寻找情绪、感受词汇一览表"游戏

1.无论你准备把这张表写在哪里，都远远比不上你准备在表上写什么内容来得重要。你可以在墙上贴一张大大的白纸，也可以挂一块白色写字板，还可以将这些词写在一些小纸片上，然后集中贴在任何一个你想贴的地方。

2.把白纸固定在墙上以后，你可以在它上面写下"情绪、感受词汇一览表"几个大字。然后，和小伙伴们一起开动脑筋，想一想关于情绪或感受的词语。把你们想到的词语一个个地写在这张单子上，不要忘记在写每个词语之前要用表情或者语言把它解释给其他小伙伴，让大家都能明白这些词的意思。

情绪、感受词汇一览表

害怕	恼怒	焦虑	慈爱	和蔼
沮丧	厌倦	忧郁	困惑	勇敢
镇定	好奇	厌烦	谦恭	暴躁

低落	欣喜	热情	不安	激愤
急切	激动	惊恐	鲁莽	泄气
乖戾	有趣	愉悦	感激	满怀希望
高兴	内疚	惊悸	喜不自禁	冷漠
恼火	痛苦	不耐烦	不可理喻	提心吊胆
喜悦	局促不安	热切	妒忌	大惑不解
充满爱意	妄加评论	幸运	博学	无忧无虑
疯狂	宽宏大量	不可思议	懒散	淘气
紧张	糟糕	嘈杂	好管闲事	被需要
欣喜若狂	悲惨	古怪	被冒犯	失控
恐慌	孝顺	自豪	茫然	心事重重
怀疑	诡诈	平静	好争吵	有所保留
无拘无束	烦躁	过度紧张	宽慰	懊悔
惊讶	糊涂	迟疑	羞怯	安心
感恩	含泪	精力充沛	不自在	受到威胁
理解	心绪不宁	抱怨不满	喜怒无常	犹豫不定
快活	枉然	厌弃	疲乏	脆弱
担忧	焦躁不安	顿悟	喜欢叫嚷	诙谐
排外	惊惧	滑稽	打击	忧伤

怎么玩 “情绪、感受词汇一览表的声音”游戏

1.充分利用你已经列好的情绪、感受词汇一览表，试着了解情绪和肢体语言之间的联系吧。你或许以为肢体语言就是指肢体上的动作，其实那些非语言的声音也同样重要。

2.现在，你得弄明白与表上列举的情绪、感受所对应的声音。如果独立完成这个内容对你来说比较困难，可以寻求爸爸妈妈的帮助。这可能有点儿难，但你可以从简单的情绪词汇入手。比如，叹气的声音总是出现在烦恼一类的情绪中，又或者从鼻子里发出的哼哼声一般表达嘲讽的情绪（但有的时候也可能是被逗笑了）。最终，你一定能弄明白大多数情绪、感受词汇所对应的声音。

怎么玩 “情绪、感受你演我猜”游戏

1.这也是一个和情绪、感受词汇一览表联系紧密的游戏。把表上的词语分行抄写在纸上，再一词一条地把它们裁剪成小纸条。然后，把纸条放进一个大碗里。

2.每个游戏参与者随机抽取一张纸条，用他们的面部表情和肢体语言去表现这张字条上所写的情绪。

3.如果你不能理解对方做出的表情，可以尝试模仿他的表情和动作。让你的身体去感受这种情绪，或许就能明白他所要表现的是什么情绪了。

怎么玩 “改编《幸福拍手歌》”游戏

1.大多数人都会唱“如果感到幸福你就拍拍手……”这首歌。没错，这就是《幸福拍手歌》。可是，如果感到不幸福时我们要怎么做呢？来，试着唱一首改编版的新歌吧！

2.你可以选用表上列出的情绪、感受词汇，运用这些词汇和肢体动作来改编新的歌曲。比如，你可以试着唱唱：“如果感到无奈你就耸耸肩……”

怎么玩 “魔镜啊，魔镜”游戏

1.你和小伙伴面对面地坐着，让彼此成为对方的镜子。其中一人用表情来表现一种情绪，另外一个猜这是什么情绪。

2.猜中的一方要模仿对方的表情，或者也可以用另一种表情来表达这种情绪。

3.如果游戏中你无法理解或者模仿对方的表情，这个时候就该让真镜子上场啦。你可以站在镜子前，仔细地观察不同情绪表现在面部做出表情时的细微差别。比如，你可以观察你做沮丧的表情和做愤怒的表情时面部有什么差别。

怎么玩 “表现逆境场景”游戏

1.“实践出真知”这句话听起来不怎么时尚，可事实就是这样。增加你头脑中情绪、感受词汇量最有效的办法就是在特定的情境中去使用它们。在这个游戏中，你们可以用两种方式来玩儿：第一种，假想一个虚拟的情景（但不能过于脱离现实），比如设想一些生活中可能会遇到的逆境场景，然后假装用相应的情绪来表现心中所想。第二种

方式是用语言去描述生活中发生的一些事情，然后描述你当时的感受以及周围小伙伴的反应。

2.不管你选择用哪种方式来玩这个游戏，最重要的是当你们再现那些真实发生的或者想象中的逆境场景时，务必要留意大家在言行上彼此相异之处。

情绪寻宝

等你能够正确分辨不同情绪所表现出的面部表情和肢体语言以后，就是时候试试你能不能将这种分辨能力运用在分辨家庭成员的情绪上了。“情绪寻宝”游戏就是你将这种技能用于家人身上之前，先用他们的照片来练习的好机会。

技能大提升

- 情商
- 社交能力
- 口头表达能力

游戏所需物品

- 剪刀
- 胶水
- 纸
- 旧杂志或旧报纸

怎么玩 “情绪寻宝”游戏

1.如果要逐一回顾已经学会的有关情绪、感受的词汇，也许你会对自己已经掌握的词汇量感到惊讶。因为如果要求你用相机去捕捉人们瞬间的表情有些不太现实，所以这个游戏改用旧杂志或旧报纸来替代。

2.指定一种情绪，然后在60秒内选出表现这种情绪的照片。

3.指定一种情绪，讲出一件让你曾经产生过这种情绪的事。如果你实在想不起曾经发生过这样的事情，你也可以编一个故事，讲给大家听。

情绪宾果

宾果游戏的最大魅力在于用它来学习一些技能的时候，你根本感觉不到自己是在学习。这个游戏当然也不例外，因为和其他宾果游戏相比，这个游戏仅是在游戏过程中用一些情绪词语和表情照片来替代数字而已。

技能大提升

- 情商
- 社交技能
- 口头表达能力

游戏所需物品

- 纸
- 情绪宾果卡（可以在网络上下载的模板，也可以自己画）
- 用来遮盖宾果方格的物品，如硬币

怎么玩 “情绪宾果”游戏

1.游戏参与者需要每人制作一张宾果卡。大家可以事先约定，宾果卡既可以是3×3方格的，也可以是5×5方格的。你们可以利用网络上的在线模板制作它（参考网址：www.teach-nology.com/web_tools/materials/bingo/），也可以自己做。在这张宾果卡的方格里，你既可以写上不同的情绪词语，也可以贴上一些不同的表情照片。

2.玩游戏的时候，你可以直接说出代表某种情绪、感受的词语，也可以发出代表某种情绪、感受的声音，还可以用肢体语言去表现某种情绪、感受。你的游戏你做主嘛！

3.就和其他宾果游戏一样，游戏参与者人手一张宾果卡，听到你说出的情绪、感受后，在表示相应情绪、感受的单词或照片所在的方框内用硬币进行标注，最先连成一线的一方获胜。

社交故事

“社交故事”游戏能帮助你提前体验一些未来生活中可能会遇到的情境，并且让你明白在这些情境中，你和你周围的人会做些什么，有些什么反应。社交故事的剧本创作就能给你提供一个绝佳的机会，让你提前预演在那些未知的情境下你该说些什么、做些什么，又或者该期许些什么。

“社交故事”游戏由卡罗·格瑞女士创造，并对“Social Stories?”及“Social Story?”进行了商标注册。格瑞女士提出这个概念的初衷是帮助患有自闭症的儿童提高社交能力、理解社交线索，并且学会一些社交情境中的基本反应。

技能大提升

- 情绪、感受词汇
- 社交线索的识别力
- 在新环境或未知环境下使用已预演过的语言或措辞
- 对新的或不熟悉的社会“规则”的理解力

游戏所需物品

- 纸和笔
- 有关你想要学习或者尝试的事情的照片，或者你想去的地方的图片

怎么玩 “社交故事”游戏

1.让小伙伴在你提前准备好的一摞照片中随意挑选一张。或可以让他给你讲一件他正打算去做但又不知道该怎么做的事情。比如，他可能打算和他的队友们在游戏结束之后一起去吃快餐，但他却不知道自己能不能独立点餐。再比如，他还可能从照片中挑出一张两个孩子正在争抢玩具的照片。

2.和你的小伙伴一起聊一聊，这个场景可能和哪些人有关。比如，在第一个例子的情境下，故事的发展就和他以及餐馆的工作人员有关。在第二个例子的情境下，故事的发展就和他以及另一个小孩有关系——当然，你们可以给这个小孩起个名字。

3.根据这些信息，你来编写一个故事吧！故事不用很复杂，它只是用来假设一种情境，这两个故事可以这样编写：

故事1：星期二，阿曼达和足球队的队友在比赛结束后一起去了快餐店。

故事2：阿曼达和另一个孩子珍妮弗都想玩同一个玩具。

4.想一想，故事到这里就结束了吗？后续还会发生什么呢？如果你实在想不出来，可以向爸爸妈妈求助，毕竟他们在生活经验方面比你要丰富得多。可以让他们帮助你构建故事的发展脉络，同时还能教你识别一些你现在或许还不能识别的社交线索呢。

5.把事件、时间、经过以及起因等因素融入故事中，帮故事里的人设计他们的对白。比如，故事里的人会说些什么，你的回答又是什么。

6.和你的小伙伴一起读一读这个故事，然后像演员那样把故事里的情景演出来吧。

故事1：星期二，阿曼达和足球队的队友在比赛结束后一起去了快餐店。她们乘坐的大巴车在途中停了一会儿，教练让所有的孩子都下车，大家一起去餐馆，在柜台前排队点餐。轮到阿曼达点餐的时候，工作人员会说："请问您需要点什么？"阿曼达会说："我要鸡块、薯条和奶昔。"收银员把这些信息录入点餐系统后，说："好的，一共35元。"阿曼达付给他50元，并说："谢谢。"然后，阿曼达站在队伍的旁边等候取餐，方便下一位顾客点餐。在阿曼达等待取餐的时候，收银员会把零钱找给她。等食物都准备完毕后，她就会端着餐盘去和朋友们坐在一起吃。

故事2：阿曼达和另一个孩子珍妮弗都想玩同一个玩具。她们在同一时间抓到了玩具并且都把玩具拽得死死的。这下，两个人谁都不能好好儿地玩这个玩具了。这个时候，珍妮弗可能会对着阿曼达吼叫，或者阿曼达会对着珍妮弗吼叫。她们同时拉扯这个玩具，但这样做并不能解决任何问题。阿曼达提议说："我们俩能一起玩儿吗？"珍妮弗则小气地回答："不可以！"。这说明珍妮弗并不想化解这个矛盾，所以阿曼达只好向大人求助，或者去玩别的玩具。

7.给你的小伙伴讲一个曾经让你很紧张的故事，或者给他另外一张照片，让他写出一个能帮助你在这种令人紧张的环境中克服不安情绪的社交故事。

情感日志

如果你已在头脑中积累了一定量的情绪、感受词汇，并且能够灵活地处理一些社交问题，那么，写情感日志就是记录你心路历程的绝佳方式。它不仅能锻炼你的写作能力，而且还能在记录过程中让你更细致地回想当时的感受，进而让你在处理复杂的社交问题上有自己更深的领悟和体会。关于写何种类型的情感日志，完全取决于你自己的兴趣、年龄还有社交能力。

技能大提升

- 写作能力
- 情商
- 词汇量
- 社交线索的识别力
- 确定情绪类别

什么是正能量的情感日志

对于年龄稍小的孩子来说，写正能量的情感日志能够帮助他们分辨哪些情绪是正面的，了解哪些事会激起正面的情绪体验。这种日志既可以写文字也可以画图画，既可以每天写也可以几天写一篇。

“正能量的情感日志”游戏所需物品

- 铅笔
- 彩色蜡笔或者马克笔
- 白纸
- 固定铜环
- 单孔打孔器
- 情绪、感受词汇一览表（参照“增加情感词汇的储备”游戏）

怎么玩 “正能量的情感日志”游戏

1.找出你之前写下的情绪、感受词汇一览表，把所有代表正能量的情绪、感受词汇用圆圈标出来。正能量，在这里指那些积极的、正面的情绪和感受。你得明白，快乐只是其中的一种，而不是全部。如果你无法准确地区分出哪些是正面的情绪和感受，或者你以前从来没列过情绪、感受词汇一览表，没关系，可以让爸爸妈妈帮你做完这件事。想想平时用过的一些词，比如可笑、激动、愚蠢等，它们是代表正能量的情绪、感受词汇吗?

2.列举了正能量的情绪、感受词汇后，你得开动脑筋想一想，这些感受会在什么样的情况下被激发呢? 比如，在爸爸妈妈陪你玩的时候，你快乐吗? 当你要去参加生日聚会的时候，你激动吗? 当你和好朋友们一起游泳的时候，你有没有做过些蠢事或者感觉自己傻傻的呢?

3.看着一览表上的词语，一个一个地想想在什么情况下会产生对应的感受。拿出一张纸，在纸上画下这种情境，再在每幅画的下面写上1～2句简短的图片说明。注意，文字里一定要含有这种情绪的词语。就这样一幅接一幅地完成每个词语对应的场景图画。

4.把所有画好的画摞起来，再在它们下面加一些同样大小的白纸，把纸摞整齐，用打孔器在纸的顶部打两个孔，用固定铜环固定好，你的正能量的情感日志就做好啦。

5.每当你感受到正面、积极的情绪时就把它们画在这本日志上，或者当你发现了一些能让你感到快乐并且非常乐意去做的事情时也可以记录在日志上。记住，不能偷懒哦，每周都要记录一些，如果纸张不够了也可以在日志本的后面根据需要增加新的纸。一段时间之后，你就会发现自己在表达和描述情绪、感受方面的惊人进步。

什么是“今天我的感觉”日志

这种日志比正能量的情绪日志要复杂一些，它是让稍大一些的孩子能够完整记录自己的情感历程的好办法。在网络上有一种类似描述今日感受的图表可供下载。同时，下载一些表达不同感觉的表情图片，以及相应的文字说明文档，把它打印下来夹在日志中，可帮助你确定你当时的感觉到底属于哪一种。

“今天我的感觉”游戏所需物品

- 打印好的今日感受图表
- 铅笔和彩笔
- 素描本

怎么玩 “‘今天我的感觉’日志”游戏

1.这本日志不需要过多挖掘自己情绪的深浅程度，而是可以帮助你定期地描画出属于你的心情“温度计”。比如，每一天吃过早餐以后，你都要对照着今日感受图表选择一种和你当下心情最吻合的情绪或者表情。

2.打开你的素描本，翻开新的一页，写下当天的日期和时间，再用文字或者图画写记录你的心情，并用简单的文字写下缘由。

3.每天放学以后，回到家记得也要记下当天的心情。记录的时间可以是晚饭前后，也可以是在睡觉之前。重要的是，同一天的心情记录最好能写在同一页上。这样，你就能够非常直观地看到当天的心情起伏情况了。

4.在每个周末，你都需要整理并回顾这一周情绪日志上的真实记录。翻开日志，请你静静地思考，从情绪感受的角度来评价，这一周的每一天你过得怎么样？在一天开始的时候和这一天结束的时候心情有什么不同吗？那些人或事会给你带来怎样的特定情绪呢？

5.请你判定出这一周的主要情绪状态，本周的情绪出现了反常的大起大落吗？深入思考这些“反常”情绪，它们能帮助你学会处理那些导致情绪起落的复杂情境。你对于情绪变化或者导致原因的辨识能力越强，将来再次发生类似情况时，你用语言表达它们的能力就越强。

游戏拓展

如果你已经是个“小大人”了，那么你得知道，很多致力于青少年情绪管理研究的专家都大力推荐记录情绪日志。这种方式不仅能有效标出显著情绪转变点，还能及时发现那些需要心理调节介入的潜在情绪模式。

怎么玩 **“突发状况感受日志”游戏**

1.制作突发状况感受日志时，你需要准备一个活页本或作文本，再加一支笔就够了。这种类型的情绪日志对青少年非常有益。如果有需要，它能很好地帮助你应对突发事件或者因某些持续发生的事情所造成的情绪困扰，甚至伤害。

2.如果你遇到一些突发的、意料之外的事情，让你感到心烦意乱、生气、幸福或者快乐，也记得把它们记在你的笔记本上。

3.在日志中细致地记录下发生了什么事情，和哪些人有关，这些事情是如何发展的……这样记录不仅能帮助你记住当时的场景，而且能让你在事后得以冷静地分析当时还能有哪些不同的应对方式，或者哪些地方你处理得很棒或很糟糕。这样一来，当类似事情再次发生的时候，你就更明白应当如何应对啦。

怎么玩 **“沟通日志”游戏**

1.在成长的过程中，你可能会感到与父母的交流变得越来越少，越来越难。有的时候，是因为一方过于害羞或者满怀愤怒；有的时候，可能仅仅是因为找不到适当的语言来表达当时的感受。

2.这本日志就能成为父母和你在沟通问题上的金钥匙。有了它，你们就能知道彼此对一些事情的真实感受，还能让对方知道在什么情况下不去干预才是明智之举。玩这个游戏，你只需要准备一个活页本和一支笔就够了。

3.当你遇到一些想和父母沟通但又觉得难以启齿的事情，可以打开这个本子，把这件事情写下来。你可以把当时的情况和感受描述出来。你还可以在日志上注明，你是希望父母在下面留言呢，还是希望他们能就此和你进行交谈。

制订你的目标

学习制订目标对你独立人格的发展，学会自我控制和独立选择具有重要作用。一旦你能够明确指出你想要达到或者完成的目标，就意味着你步入了更加自主的成长阶段，而不像小时候那样依赖外在奖赏或鼓励。这就意味着，制订目标的能力对儿童而言并不是与生俱来的，你不妨把培养这种能力作为自己的目标来努力完成吧！

技能大提升

- 制订目标的能力
- 生存能力
- 自主学习能力

怎么玩 “制订你的目标”游戏

1.你得明白什么叫“目标”。因为，如果你连“目标”的意思都还不知道，那你是绝对不可能学会制订目标的。所以，可以从简单的角度入手，举个踢足球的例子：对于那些想要得分的球员来说，他们在进球的过程中有阻碍吗？你认为对于如何绕开“障碍物”他有应对的计划吗？你认为他的应对计划是提前制订的吗？

2.在比赛中，为了进球，球员们都要提前制订好相应的计划。同样的，在日常生活中，我们把那些努力希望达成的、能够做到的事情叫作目标。

3.思考一下你想达成的目标是什么。最理想的状态是，你清楚地知道自己的目标是什么，并且知道要怎么做才能达到这个目标。如果你想不出来也没关系，可以让爸爸妈妈帮助你。但是，你一定要记得提醒他们，不要直接用他们的想法帮你设定目标，而要帮助你分析出你觉哪些事情能做得很好，哪些事情还需要提高。可以让爸爸妈妈用类似这样的问题来帮你分析：

- 有哪些事情你觉得是比较难处理的？
- “我觉得你做 ________ 可以做得很好。”
- 你学会了 ________ 对日常生活有什么影响？

4.学会制订目标的专业用语。一旦你掌握了这种术语，制订目标对你而言就易如反掌了。从根本上来说，制订目标简单得就像在空白的表格中套用格式化的语言，比如：“我想在（填入时间段）时间内达到（学会或懂得）目标（填入具体目标），我目前已经掌握了（相关技能）。”

5.让你的目标切实可行。你也不想让自己熊熊燃烧的热情之火被浇灭吧？所以尽量让你制订的目标符合实际情况，并且是真正有机会得以实现的。如果你的目标定得遥不可及，不如将它分成很多个小目标，再一个一个去实现它们。比如，如果你原本想要制订的目标是当游泳冠军，但现在你连绕着游泳池游一圈都坚持不了，不如就把绕游泳池游一圈作为你的第一个目标吧！

6.制作一张方便随时查看的目标实现进度表，在上面把目标分成一个一个更容易达成的阶段性小目标，而不要只是笼统地写上最后的那个大目标。保持动力的秘诀就是经常查看目标完成的进度。最简单的制作进度表的办法就是拿出一张纸，并在纸上画出一个梯子，把大目标写在梯子的最高处，再把这些阶段性小目标按照时间顺序依次写在每一级台阶上，一点点地去实现它们。这样，你就能很清楚地看到自己是如何一步一步“爬”上来，并最终达成大目标的。通过这张进度表你还能清楚地看到要想实现这个目标，过程是比你预期得更简单，还是更困难。

7.时不时地回顾已设置的目标，更是一种明智之举。如果目标达成了，那可得庆祝一下；如果因为目标实在太难达成，不妨对它进行调整修改。

什么是三维目标板

这个游戏能把“目标”这个词和足球、冰球里进球得分的概念联系在一起。而且这个游戏还将教给你如何自己动手做一个三维立体的目标板，以便能够让你随时查看短期或长期目标完成的进度情况。

“三维目标板”游戏所需物品

- 小展示板（约20厘米×30厘米）
- 小号洗衣袋或者纱网
- 直尺
- 热胶枪、胶棒
- 手工棒或雪糕棍
- 马克笔
- 剪刀
- 卡纸
- 图钉

怎么玩 “三维目标板”游戏

1.拿出准备好的1块小展示板和4根手工棒。在展示板的中间将4根手工棒围成一个方形。注意，手工棒的首尾部分得相互紧靠，但不能叠在一起。请父母用热胶枪把它们牢牢地固定在展示板上。

2.用尺子测量出这个方形的长和宽，并把数据记下来。

3.把洗衣袋剪开，这样做是为了把它们拆成单层的网布。再拿起尺子在网布上量出一个大小、形状与用手工棒围成的方形都完全一样的网布。最后，把剪好的网布用胶棒贴在手工棒方形的内部。

4.在目标板手工棒方形右下方直角处用胶枪涂上胶水，在胶水凝固之前快速拿起一根新的手工棒插进胶水里，粘在方形右下角的黏合处，让它们看起来就像一个立体的“L”）。握紧这根手工棒让它牢牢地粘在这个地方，胶干了以后再用同样的办法在方形的左下方直角处粘上一根手工棒。

5.在手工棒方形右上方直角处用热胶枪涂上胶水，再在刚刚粘上去的竖在方形右下方直角处的手工棒的顶端涂上一大滴胶水。取一根新的手工棒，在胶水凝固之前快速把手工棒的两端分别粘牢在这两点上，捏紧它们，直到胶水凝固、能被牢牢地粘稳了再放开。这样，你就在右侧做好了一个三维立体的直角。用同样的办法再在左侧做出这样的直角。做的过程中，如果感觉手工棒粘得有点儿松或者粘之前胶水就干了，你可以再多涂点儿胶水，只要保证粘牢就可以了。

6.你手上的这个目标板看上去应该像一个小型球门的轮廓。请你用尺子测量斜着的这4个直角的尺寸，按照测量出的数据在网布上剪下相同形状和大小的网布。再用热胶枪把剪好的网布贴在手工棒上。这样，你的目标板就做好了。

7.是时候为目标板做一点儿配套使用的目标卡了。首先，你得决定这个目标板上的球门是足球球门，还是冰球球门。决定好了之后，就拿出一些卡纸，再准备一支笔吧。

8.在卡纸上画出足球或者冰球的样子，在足球或者冰球的内部写下你已经制订好的目标。

9.把足球或冰球的图形从卡纸上裁剪下来，并用图钉固定在目标板上。注意，固定在球门外面的其他地方。

10.一旦你完成了某张卡纸上所写的目标，就可以把这张卡纸移到球门内，因为你已经“进球”啦！

因果树

理解事物起因和结果，对你提高各科的学习能力都大有裨益。在语文课上，它是你能否创造出生动的人物形象和扣人心弦的情节故事的关键技能。在数学课上，它能帮助你理解公式和各种推理过程。在物理课或化学课上，它就是帮助你理解实验结果和实验过程的重要技能。而历史课上，你会发现主要的历史大事件自身就包含着一系列的因果关系。但因果关系的重要地位还远不止如此，它还是你学会与人交往的重要社交能力的关键因素。

不仅是书中的文字描述，我们日常的口语交流中就有很多如同“线索”一样的词语，它们表示着原因和结果之间的关系。这样的词句有很多，如：“因为”“所以”“为了”“正因为”“因此”“造成”“引起”“故而”“尽管如此”等。

技能大提升

- 阅读理解能力
- 情商
- 能够理解之前发生的事情或者所做的事情是如何影响事件的结果的

游戏所需物品

- 铅笔
- 马克笔/彩笔
- 气球和大头针（非必要）
- 一块大的海报板或者硬纸板
- N次贴或索引卡和胶带
- 骰子

游戏前的准备

1.首先你得明白什么叫因果。原因和结果之间是什么关系呢？它们谁先谁后呢？玩游戏之前你必须先明白这两个问题。好了，“原因”就是指那些引起事情发生的东西；而“结果”就是指因“原因”而引出的、后续发生的事情。

2.正确理解因果关系之后，你要开动脑筋想一想，我们生活中发生的事情是属于一个原因对应一个结果的单一因果关系呢，还是属于有很多原因和结果，且彼此关联的复杂的因果关系呢？举一个复杂因果关系的例子，如：有一个小孩，大人告诉他不允许在大风天爬树，但他还是爬了。如果这个孩子从树上摔下来还摔断了骨头，那么，请你说说看，在这个故事里哪些是原因，哪些是结果呢？

正确答案是这个故事中存在很多原因和结果。小孩没有听大人的话是他爬上树的原因；刮着的大风又是大树不稳的原因；从树上摔下来是他摔断骨头的原因；而骨折又是他身体疼痛，很长一段时间无法爬树，以及其他各种我们不知道的影响的原因。

3.当你完全清楚这个故事里的各种原因和结果之后，你能不能也想一个包含着类似的因果关系的小故事呢？比如：拿一个气球封口夹，把吹好的气球夹紧封口，再用一枚图钉刺破这个气球。请你想想看，这一系列的动作中包含有多少种原因和结果。

怎么玩“因果树”游戏

1.拿出大的海报板或者硬纸板，用铅笔在板上画出一棵枝干粗壮、树枝很多的树。要注意，每个树枝上也还要画一些枝丫。接着用马克笔或者彩笔来给树涂上色彩吧！它就是你们的游戏板。

2.把游戏板放在桌子的中间，每位游戏参与者拿一本N次贴和一支铅笔。

3.大家依次掷骰子，让骰面数字最小的游戏参与者第一个玩儿。

4.首先开始玩的这位游戏参与者在自己的N次贴上写下一个“结果”。既可以像“一个男孩哭着跑回了家”这样简单，也可以像“一场战争爆发了”这样复杂。游戏参与者还可以选择写下某个实验的结果或者电影结局、小说结尾，但在写这些内容之前，一定要确认其他游戏参与者他们曾经做过这个实验、看过这部电影或者读过这部小说。

5.写好之后，游戏参与者就可以把N次贴贴在大树的主干上。

6.下一位游戏参与者要在自己的N次贴上写下引起第一位游戏参与者所写的“结果”的相关原因。如果所要回答的这个“结果”有关于历史事件、实验、书中故事或者电影情节，那么不管你选择写直接原因还是其他相关原因，都必须符合实际的已发生的事实。如果这个“结果”是游戏参与者自己编造的，那么你可以编一个原因。

7.第二位游戏参与者写好后就可以把N次贴贴在树的第一根树枝上。现在轮到下一位游戏参与者了。这个游戏参与者既可以选择写下引起第二位游戏参与者所写内容的原因，然后把N次贴贴在第一根树枝的枝丫上；也可以选择写下引起第一位游戏参与者所写结果的其他原因，然后把N次贴贴在第二根树枝上。像那些历史事件，通常就会存在很多的原因。

8.当所有游戏参与者再也想不出更多的原因或者结果之后，又或者大树所有的枝丫都被贴满了，这个游戏就可以结束了。

游戏拓展

为了帮助你更好地理解这些抽象概念，了解更多的具体实例，你可以读一读萝拉的绘本，比如《如果你给老鼠吃饼干》或者《如果你给驼鹿吃松饼》。这些小故事很明确地概述了原因和结果，所以你在读的时候还能好好谈一谈在这本书中是什么行为（原因）引发了下一步的行动（结果）。

CHAPTER 23

历史和地理

尽管历史和地理都是具有深厚底蕴、内涵丰富的学科，我们学习的时候却总是将两门学科交叉在一起，难以割裂。地理学的知识能告诉你“那儿是哪里”，但如果你想知道那里发生过什么以及这些曾经发生的事情在这片土地上留下了怎样的文化和物质印记等，你就必须了解历史学的知识。所以，在你有能力学习世界历史、掌握世界地理之前，你需要对它们有一些基本的了解。本章节设计的游戏就能让你学会探索你自己的历史和你生活周围的地理情况，为将来探索大世界做好准备。

三维家庭树

家庭树是帮助你认识复杂家庭关系的一种最直观、最有效的方式。家庭树的整体结构和大树枝干的分支走向，不仅能够清晰地展现家族里世世代代发展延续的脉络关系，还能够帮助你认清楚自己家族所在的分支。不过，我们今天要做的是升级版的家庭树，它是三维立体的、能够站立的家庭树，可以让你的家族历史更加鲜活地展现出来。

技能大提升

- 族谱研读能力
- 精细动作技能
- 分类和组织技能

游戏所需物品

- 剪刀或多功能小刀
- 一大张的硬纸板、海报板，尺寸大约50厘米×50厘米
- 绿色卡纸
- 铅笔
- 彩色蜡笔或马克笔或彩笔
- 尺
- 书写纸
- 胶水
- 绳子
- 单孔打孔器
- 家族中几代人的照片

游戏前的准备

1.你要明白什么是家族，还得清楚每个人在家族中和不同的人会有不同的关系。比如，你的外婆，她是你的外婆，也是你妈妈的妈妈，还是你外公的妻子。就好比，你是你父母的儿子（女儿），同时也是你爷爷奶奶的孙子（孙女）。

2.了解家族成员的基本信息和他们彼此之间的关系。首先，你要能够准确说出家族成员的姓名以及他们之间关系。接着，拿出一张纸，写下关于你的家族成员的一些问题的答案，如你对家族里每个成员了解多少？他们的年龄多大？哪一年出生的？和谁结婚了？他的孩子叫什么名字？你知道他的小名吗？恐怕你必须得下一番苦功夫，才能够了解到像生日、小名等信息。不过，如果你功夫下得深，也许还能够自己想到一些亲戚的名字，并展开对他们的“调查”。但如果这些都不能满足你强大的求知欲，你还可以借助网络，浏览一些免费的关于自己姓氏信息的网站等。

3.当你收集完上述问题的答案之后，请你在纸上写下家族内每个成员的姓名，在姓名旁边记下你所知道的信息。试试看，你能不能对应信息找到他们各自的照片。

4.拿出绿色的卡纸，为你家庭树上的每位成员做一片叶子。可以让家长帮助你，在绿色卡纸上画出一些小的、椭圆形的树叶轮廓，然后剪下它们。

5.用胶水将家族成员的照片分别贴在他们自己的叶子的正面，然后把绿色卡纸反过来，写下你所知道的关于照片上这个人的所有信息。

怎么玩 “三维家庭树”游戏

1.将整张硬纸板裁剪成均等的两半，一半留着晚些再用。先用一半的硬纸板，用铅笔在上面画出大树的树干和分支的轮廓。你得留心，大树长出分支之前的树干部分最少要有15厘米宽、15厘米高，并且树干的底部要比上面更粗大一些。

2.画树枝的时候，要确保家族的每一代成员都能有一个分支，并且每个分支上有足够的枝丫去对应这一代所有的家庭成员。

3.借助尺子测量，在距离树干底部左侧边缘线以内5厘米处做一个小小的标记。同样，在树干底部右侧边缘线以内5厘米处做上标记。这样，你的树干的底部会有两个相距大约5厘米的记号。再分别以这两个点为起点，向上画出两条5厘米长的垂直线。现在，你的树干中间将会有两条长度一样的平行线，请用直线将这两条线的顶端连接起来。

4.用剪刀把你刚刚画好的正方形从树干上剪下来。然后可以请爸爸妈妈帮助你把画好的这棵树从纸板上剪下来。这些都做完以后，你就拥有了一棵在树干底部开有正方形小洞的“大树”了。

5.把这棵树平放在之前没有使用的另一半的硬纸板上，拿起铅笔，照着这棵树树干的轮廓把它依样描到下面的另一半纸板上。注意，你画完树干部分就可以停下来了，不必再描画树枝部分。然后，剪下这棵大树的树干复制品。

6.在树干复制品的顶部，用和之前测量树干底部时相同的办法做好标记。以标记为起点，向下分别画出两条10厘米长的垂直线，用直线连接两条垂直线的端点，再剪下两边的矩形。现在，你应该拥有一棵在底部开有边长5厘米的正方形洞洞的大树，和一个在顶部开有两个长为10厘米的矩形洞的树干复制品。

7.垂直拿起树丁复制品，将它面向你，同时保证它的底部呈水平状态。将家庭树垂直对应这个树干复制品，轻轻地将底部开有正方形洞的家庭树插入顶端开有矩形洞的树干复制品中。这样做是为了让树的底部直立起来，于是，家庭树就能自己“站”起来了。

8.拆开大树和它的树干复制品，发挥你的想象力给他们涂上色彩吧！尽量让它们看上去更像树皮。

9.请家长用单孔打孔器或多功能小刀在每一片叶子的顶端打个洞，再剪出一小段用来系洞孔的绳子。接下来，把树水平地放置在你的工作台上，开动你的大脑，用绳子把所有的叶子按照它们所代表的家庭成员自身的辈分以及与他人的关系正确地系在相应的枝干上。你可以从最高一辈开始逐渐排到你自己这一辈。

10.重新组装起你的大树，你就可以很清楚地看到家族中的亲人啦。

游戏拓展

琼·斯温尼的儿童读物《家庭树》一书，不仅能很好地帮助你了解家族亲属关系的相关称谓和概念，还清晰介绍了家庭树的组织结构，值得一读。

我的生命时间表

如果让你回顾自己的生命历程，最难的事情应该就是对于一个孩子来讲好像没什么“历史”可言。其实，在一些重要事件发生的时候，你或许根本没有意识到你正在创造自己的历史！嘿，小孩，咱们虽然年纪小，可跟大人一样拥有很多具有历史意义的大事件呢！制作我的生命时间表就能够帮助你认识到，即便是在我们不算太长的生命旅程中，同样完成了许多伟大的事迹。

如果你对一些事情发生的时间不太确定，不妨灵活些，把问题简单化——不用精确记录从出生开始的每一件事发生的时间，而是用笼统些的词汇如过去、现在来代替。

技能大提升

- 排序能力
- 历史视野
- 说明文写作技能

游戏所需物品

- 3米左右的长条书写纸（或者是很多张纸粘成的长条纸）
- 铅笔
- 马克笔
- 剪刀
- 胶带
- 索引卡
- 尺子
- 从出生到现在各个时期的你的照片

怎么玩 “我的生命时间表”游戏

1.拿出索引卡，仔细回想你生命中那些意义重大或让你印象深刻的事情。你可以在第一张索引卡上写下你的出生日期。如果你还知道出生那天是星期几，也可以把这个信息加上去。这就是你生命时间表的起始卡片，你可以在上面标注“我出生啦”或者其他类似文字。

2.你要很努力地想一想生命中发生过哪些重大事情。比如，兄弟姐妹出生、第一天上幼儿园、第一次家庭旅行等。现在，还不需要把这些事情依照时间顺序精确地排序。

3.在索引卡上分别写下这些事件，并且在旁边标注一小段简短的说明性文字。

4.把写好的索引卡摊开摆放在地板或一个大工作台上。依照它们发生的时间顺序，从左到右依次从出生日排到现在。如果你对有些事情发生的具体日期记得不那么清楚的话，可以先向你的家人寻求帮助，询问他们这些事情发生的具体日期后，及时把这些信息添加在卡片上，再继续排序。如果家人也记不清确切的日期，再按照大概的时间模糊排序。记住，排序的时候可不能只看具体日期，还要注意月份和年份哦。

5.等你成功地按照事件顺序将卡片排成了一排，请你在准备好的照片中，找到与这些事件发生时间相近的照片。如果你实在找不到那个时候的照片，没有关系，别忘了你的画笔，相信你一定能够为这个事件画出一幅很棒的插图来。

6.把这些卡片和照片按照时间顺序整理好。

7.把长条书写纸水平放置在一个坚硬、平整的工作台上，你可以让父母帮助你，也可以自己用尺子和铅笔在纸的中间画一条水平直线。

8.在长条纸的左侧，借助直尺在纸中间这条水平线上画一条3厘米长的垂直线，在这条垂直线上写下你的出生日期，并在旁边对这一天或者这件事写一小段说明性文字。如果你不知道怎么写或者在哪里写，可以请父母帮助你完成。

9.在长条纸的右侧，借助直尺在纸中间这条水平线上画一条3厘米长的垂直线，在这条垂直线上写下“今天”。此外，还要写下这一天的具体日期，以及你的年龄和一些现在发生的事情。

10.把写好的索引卡放在这两个日期的中间，按照时间顺序把它们依次排开。为每一个事件画一条垂直线，并且在线的上方写下事件的一些描述。

11.把照片对应事件放在水平线下，用胶带固定。

12.用你喜欢的马克笔为写好的说明性文字描绘一个美丽的外框，或者装饰一下你画好的时间线吧！

方糖金字塔

如果你曾看过金字塔的图片或者在学校学过它们，你一定会对金字塔神秘的结构以及古老的历史感到着迷。自己动手建造一座缩小版的金字塔，能让你更清楚地了解到，在很久很久以前，古埃及的人们能完成计算、测量，并真正建造出这些巨大而复杂的几何建筑是多么令人叹为观止！玩游戏前，建议你读一读有关金字塔的书。

技能大提升

- 几何设计能力
- 基本的工程原理
- 乘法运算能力
- 建筑按比例缩放
- 精细动作能力
- 历史视野

游戏所需物品

- 200颗方糖
- 一罐糖霜和一把塑料的黄油刀，或者一瓶白乳胶
- 硬纸板
- 剪刀
- 铅笔
- 尺子
- 金色亮片和胶水或者一罐金色的喷漆

怎么玩“方糖金字塔”游戏

1.花点儿时间来研究一下金字塔的图片吧。如果你没有任何介绍金字塔的书籍，别担心，有很多博物馆官网或知识科普类网站上既有丰富的金字塔图片，也有相关的详细介绍。

2.你需要了解金字塔的结构，思考一下：

- 金字塔的底部看上去像什么？是哪种形状？
- 金字塔是怎么建成下面很大，顶端只有一个小点的？
- 建造金字塔的砖块是什么形状的，你注意到了吗？

3.在思考完上面这些问题之后，你一定也注意到了，金字塔的每一层都是一个正方形，并且总比它下面一层要略小些。

4.假设金字塔最底部正方形的面积是100，而1块方糖的面积是1，那么，这个正方形就是由10（横）×10（竖）块方糖组成，即横排为10块，竖列也为10块。如果你不太明白这句话的意思，你可以让爸爸妈妈用画图的方式讲解给你听。明白这个道理之后，你要自己算算，如果横排和竖列分别减少1块，那么金字塔的第二层需要多少方糖呢？正确的答案是：9×9=81（块）。如你所知，想要计算出建造金字塔需要的方糖数量，你得从底层开始算起，每层横排减少1块方糖，竖列减少1块方糖。这样逐层往上计算，直到最后只需1块方糖的顶端。把每一层的数字相加，看看你手中的方糖够不够建造你想要的金字塔，或者你可以根据手中方糖的数量来决定金字塔的大小。

5.如果你仍不太确定，可以让爸爸妈妈协助你计算用200块糖可以建造多大的金字塔。让他们帮助你计算出第一层你最多用多少方糖去建造，这样就能保证手中的方糖足够把金字塔建好了。

6.在你和爸爸妈妈开始计算之后，你们就会发现，如果只用200块方糖，那么你应该用64（8×8）块方糖组成的正方形作为基底，第二层是49（7×7）块方糖组成的正方形，第三层是36（6×6）块方糖组成的正方形，第四层是25（5×5）块方糖组成的正方形，第五层是16（4×4）块方糖组成的正方形，第六层是9（3×3）块方糖组成的正方形，最后是1块方糖构成的顶层。这样建造，则刚好用完200块方糖。

7.用尺子测量方糖的边长，然后计算8块方糖并排的长度，再用乘法计算它的面积。例如，方糖长1厘米，每一排的长度为8×1=8（厘米），面积为边长乘以边长，即8×8=64（平方厘米）。也就是说，这一层的面积为64平方厘米。

8.你可以让爸爸妈妈帮助你，借助直尺在纸板上画一个长8厘米、宽8厘米的正方形，然后把它剪下来。接着，按照这个方法分别剪下除顶层外，与金字塔每一层面积相等的正方形。当你做好这些之后，你应该有6块正方形的纸板，且每一块比之前的一块略小一些。

9.在每一块纸板上涂上白乳胶或者是糖霜，小心地把方糖一块块紧密地贴在正方形上，注意，不要超出正方形的边界。

10.请爸爸妈妈帮助你，把所有粘好方糖的正方形纸板按照之前的顺序，一层层地粘好。最后，在顶层上粘一块方糖，金字塔的雏形便完成了。注意，粘的时候要按照中心点的位置粘哦，千万不要粘歪了。

11.待胶水干透或者糖霜变硬后，你可以把金字塔拿到室外用喷漆涂成金色或者在它的表面涂上胶水后贴满金色亮片。

游戏拓展

整个游戏过程中，你都可以和父母或小伙伴交流建造金字塔的每一个步骤。确保金字塔每一层的“砖块”数目正确，并能紧密排列。当然，准确找到每一层的中心也很重要。试着思考并与大家讨论：

做金字塔的过程难吗？

你觉得游戏中最难的部分是什么？

你觉得游戏中最简单的部分是什么？

如果方糖的尺寸不一样，你将会怎么做？

你觉得古埃及人民是用什么方法来准确测量并且切割砖块的？

你认为他们是用什么办法将所有的石块从底部搭建到顶端的？

绘制社区地图

看地图从来都不是一件简单的事情。尤其是看那些我们从没去过的地方的地图。如果你想看懂地图，甚至绘制地图，那么从一些你熟悉的地方入手将是个理想的切入点。这个游戏不仅能让你在有趣的游戏中知道怎样使用地图，而且还能让你有机会更深入地了解你所居住的社区。也许，那些从来没留意过的路标会给你带来巨大的惊喜！如果你想在游戏开始之前，对地图有更多的了解，可以读一读与之相关的儿童读物。

技能大提升

- 观察力
- 数据记录能力
- 将数据转为地图的能力
- 辨识、读懂地图
- 积累与地图相关的词汇

游戏所需物品

- 有纸夹的书写板
- 便签
- 白纸
- 铅笔
- 尺子
- 海报板
- 马克笔

与地图相关的信息

名词	词语释义	可以这样理解
图解比例尺	地图上用来表示图上距离与实际距离关系的一种比例尺	线性比例尺、图示比例尺
基准方向	地图上4个基准方向	东、南、西、北
指南针	指针总指向北方的工具	方向
风向图	地图上用于指示基准及方向的花瓣状风向图	风玫瑰图
图例	地图上用于解释各种符号、颜色的说明性图表	地图符号说明
标志性建筑	有助于识别所处地点的知名建筑物等	地标

游戏前的准备

1.玩游戏之前，要先读一两本与地图相关的书籍，或者看看地图集、网络上的地图。如果你还不会看地图，可以让家人给你讲讲有关地图的知识。也可以和小伙伴讨论一下地图是怎样为人们指引方向的。趁这个机会，还能和他们一起更好地熟悉你生活的社区。

2.拿出白纸，把它分成3个区域，在各个板块的上方分别写下："街道""地标""其他"。

3.在"街道"这一栏中，写下你所住的街道的名字，再把附近所有你知道的街道名写下来，如果有些不记得名字了也没关系。

4.想想周围有哪些标志性的建筑或地名，把它们写在"地标"一栏中。

5.在"其他"这一栏中，你可以写下如公交站台、社区中有特点的地方，或者是对你而言很重要的地方。例如，你朋友的家、你最喜欢的商店，甚至可以是一棵你最爱的树。

6.把这张纸夹在书写板上，再多带一张白纸，拿起笔，准备迈开步子到社区去"探险"吧。

7.在迈出第一步之前，先站在你家的院子里或者单元楼门口，在脑海中勾勒出社区的基本布局。在纸上用线条画一个长方形框，用以表示你家所在的街道，在你家所在的位置标注"×"，再用线条画出与这条街道相邻或相连的街道、小路。

8.现在开始你的"探险"之旅吧。一边慢慢逛你所在的社区，一边在那张多余的白纸上画下走过的街道、标志性建筑，并记录它们的名字。

9.在你回到家以后，把你画的草图给家人看看，可以让他们帮你检查一下社区地形描绘得准不准确，万一有遗漏请他们帮忙补上去。

怎么玩 "绘制社区地图"游戏

1.开动脑筋，想一想刚才的"探险"之旅。最开始站在家门口时，在脑海里回想整个社区的基本布局是不是有些困难呢？后来边走边画的时候，勾勒整个社区的基本布局有没有变得简单一些呢？请你想一想，如果站在天台或阳台从上往下看整个社区，再去勾勒社区的基本布局会不会更简单呢？这个就是我们说的鸟瞰，你可以理解为像鸟儿一样飞在空中去看下面的社区全貌。

2.请在一张更大的纸上用鸟瞰的视角——从高空俯瞰社区——把整个社区的全貌详细地画下来。不过，你得明白，不管画地图的这张纸有多大，你都不可能把全部的东西完整地画上去，所以为了帮助别人更好地利用这张地图，你还要使用一些符号，如图例或标志等。

3.参考之前画的草图，取出准备好的海报板，拿出你需要使用的工具，充分发挥你的才能，开始绘制社区的大地图吧！

4.地图画好之后，你要跟家人或者小伙伴一起在地图上查找你们想去的地方，并向他们解释地图上图例和标志的含义。

游戏拓展

和家人或小伙伴各自绘制同一社区的地图。所有人完成后，对比你们的地图，看看你们眼中的社区有哪些地方不同，又有哪些地方相似。你还能通过地图了解各自眼中的地标建筑是什么。如果你们都喜欢用更为专业的方式探索地图，可以尝试一起玩寻宝游戏。你可以在寻宝游戏的首页（www.geocaching.com）注册，并通过这个网站下载游戏指引说明和定位地点。游戏过程中，借助手持定位系统，以及地图或图片的解读技巧来帮助你找到藏在世界各地的60多万个宝藏。

跟随地图找到我

这个游戏融合了捉迷藏和寻宝游戏的双重乐趣，还能提高你识认地图和绘制地图的能力。这个游戏有很多种玩法，你既可以在户外享受它的乐趣，还可以享受雨天在室内做此游戏的快乐。

技能大提升

- 绘制简易地图的能力
- 识认简易地图的能力

- 识认地标

游戏所需物品

- 便携式白板或者图画纸
- 书写白板笔或铅笔
- 小奖品（非必要）

怎么玩 “在我们的地图上找到我”游戏

1.确定一块用于游戏的安全场地，比如公园、家中特定的楼层或房间，或者所住社区。让所有参与游戏的小伙伴坐在一起，共同绘制一张整个游戏场地的地图。要用符号在地图上标记标志性建筑。确保每一位参与游戏的小伙伴都有一张图例说明——务必要让每个人都能明白这张地图上的符号所代表的意思。

2.一个小伙伴在地图上留下线索，然后“藏”起来。其他小伙伴闭上眼睛数到50。其间，准备藏起来的人要把他准备藏的地点在地图上正确地标注出来。之后，这个小伙伴就快速地藏到那儿去，留其他人去寻找他。

3.第一个藏的游戏参与者被找到后，可以开始第二轮游戏。让下一位游戏参与者在地图上做好标注，之后再藏。

4.如果有很多人一起玩这个游戏，你们可以分成两组。一组人先藏，藏之前把组内所有人准备藏的地点在地图上全部标注出来，另一组人可以根据地图上的线索分头或按组寻找他们。

怎么玩 “在我的地图上找到我”游戏

1.这一版本的游戏比前一版本的游戏更难，其游戏规则与前一版本相比只有一处不一样。那就是，游戏里需要使用的地图不再由全员一起参与绘制，而是由负责藏的人给负责找的人绘制地图。

2.当负责找的人都闭上眼睛开始倒数的时候，负责藏的人要迅速画出一幅粗略的地图，并在自己准备藏身的地方标注“×”。

3.负责找的人要用这张地图找到藏起来的人。

怎么玩 "地图寻宝"游戏

1.这是一个能让你体会到寻宝乐趣的游戏。和小伙伴或者家人一起，根据你家的房子、院子、社区等绘制一张地图。然后选定一个人来藏宝，其他人在这个时间可以玩一玩别的游戏。

2.在其他人玩别的游戏的时候，藏宝人要把"宝物"分别藏在房子的里面或外面。记得要把藏宝的地点在地图上做好相应的标记。

3.把藏宝图交给寻宝人，看看各位游戏参与者能不能找到宝物。

游戏拓展

试试不把藏宝地点直接标注在地图上，而是用文字来指引寻宝人寻找宝藏。记住，文字一定要使用方位词语，如"沿着街道向北走"等。此外，寻宝人还应尽可能借助标志找到正确的位置。

柚子地球仪

地球本是球状的，可我们画的地图却是平面的，所以任何地图都不可避免地会有些失真。通过这个游戏，你就能很清楚地明白，我们有很多种方式来表示地理区域，而且这些方法所使用的维度以及比例也各有不同。当看地图和地球仪的时候，你很容易认为它们采用的方法是一样的，但当你试图把地球仪铺平的时候，你就会发现，地图其实并不等同于铺平的地球仪。

事实上，绘制平面地图一般借助于地图投影，有以下3种基本类型：平面投影、圆锥投影和圆柱投影。简单来说，平面投影就是在高处向下看整个世界；圆锥投影就是想象着把地球放入一个圆锥，再把圆锥切开；圆柱投影法就像是把地球包裹成圆柱状后再把圆柱展开。人们用这3种投影方式去绘制地图。

技能大提升

- 了解地图和地球仪的基本差异
- 初步了解地图投影

- 能够清楚地阐释地图比地球仪失真得更严重的原因

游戏所需物品

- 一个大柚子或橙子
- 厨房纸巾
- 世界地图
- 地球仪
- 圆珠笔
- 小刀或去皮器

怎么玩 “柚子地球仪”游戏

1.拿起地球仪，先让我来考考你，你知道地球仪是什么图形吗？是的，答案就是球体。和真正的地球在形状上有什么异同呢？不妨去和家人聊一聊用球体表示世界上这些大陆和海洋的好处吧。你一定能更深入地了解怎样用恰当的标准、尺度去展现物体本身以及如何用立体的视角去观察整个世界。

2.拿起一张世界地图，同时对比地球仪，尝试回答以下问题：

- 两者看起来有什么不同？
- 用二维平面的方式去表现三维立体的物体，会有哪些缺点？
- 你觉得哪些地方有缺失，或者不太准确？

3.如果要把平面的地图变成立体状态，以用来展现世界，你会怎么做？会发生些什么呢？

4.来吧，跟随指导完成这个地图大转换吧。拿起你的柚子和圆珠笔（用马克笔的话，可能会弄脏皮肤且很难洗净）。在柚子上做出南极和北极的记号，再在柚子中间的位置沿水平方向画一圈来代表赤道。

5.把地球仪作为模型，照着它的图案，在你的柚子上画出几块大陆的形状。不用担心画得不准确，你只要把大致位置确定好，保证板块、南极、北极以及赤道的位置关系正确就可以了。

6.请你思考一下，如果把柚子皮完整地剥下来，你会不会得到一张不失真的世界地图呢？为了验证你头脑中的想法，我们来剥柚子皮吧。用小刀或者削皮器从“北极”的区域开始剥，尽量完整地剥下整个柚子皮。

7.在桌上铺一些厨房纸巾，然后尝试把柚子皮展开，铺成一张地图。请问：铺开的地图看上去和世界地图一样吗？你觉得为什么会这样？把这张柚子皮铺开容易吗？

接下来要做什么

是的，你现在面临的这些问题正是几百年前地图绘制者们所面临的问题。如果不用拉、撕、切或者使它扭曲等方式，你根本不能把球状表面铺展成一个平面。地图绘制者们在画世界地图的时候就尝试了很多办法，以期尽可能准确地描绘世界的样子。他们通过使用各种地图投影方式来解决这个难题。其中最常用的就是高斯-克吕格投影和墨卡托投影。每一种投影方式在展现世界全貌的时候都出现了某种程度的失真，但同时又在另外一些方面很好地克服了其他投影方式的缺点。例如，采用墨卡托投影绘制的地图非常适于航海，因为尽管地图上陆地的长度和面积变形明显，但在保持方向和角度的正确性方面墨卡托投影做得非常好。采用高斯-克吕格投影绘制的地图则能很好地展现陆地和海洋原本的形状，但在描绘大小上却有缺憾。

游戏拓展

如果你想更加深入地学习地图投影的相关知识，例如如何运用这些方法建立三维立体模型等，你可以上相关网站查找更多的资料进行学习。